KB001354

COMEDIAN

관찰과 교감으로 웃음을 발명하는 사람

JOBS
COMEDIAN

코미디언: 관찰과 교감으로
웃음을 발명하는 사람

REFERENCE by B

«코미디언: 관찰과 교감으로 웃음을 발명하는 사람»을 펴내며

매거진 《B》를 만들며 가장 자주 듣는 질문은 '어떤 기준으로 브랜드를 선정하는가?'입니다. 10년 넘게 같은 궁금증이 변함없이 이어지는 것을 보면 어떤 대상을 이야기의 원천으로 삼을지에 대한 결심이 창작의 전부에 가까울 수 있겠다는 생각이 듭니다. 그 결심 이후엔 인내와 끈기, 그리고 시간과 에너지를 통제하고 분배하는 일의 반복이라 해도 과언이 아니니까요. '잡스' 시리즈를 통해 여러 직업인들을 만나면서 이 '창작의 원리'를 더욱 또렷이 체감합니다. 각자의 영역에서 인정받을 만한 커리어를 이어가고 있는 사람들에게서 보이는 공통점은 '어떤 생각과 마음으로 임하겠다'는 철학과 직업정신으로 끊임없이 연마하는 기술이 절묘하게 균형을 이룬다는 점이었습니다. 태도와 철학에 매몰되어 기술의 연마를 폄하하거나, 태도와 철학이라는 토대 없이 기술적 과정만을 거듭하지 않는 것이죠.

《잡스 – 코미디언》을 통해 자신의 이야기를 건넨 여섯 명의 코미디언 역시 이러한 균형감각이 돋보이는 사람들이었습니다. 무대 위에서 재기 넘치는 아이디어와 순발력으로 빛나는 코미디언들은 천부적 자질의 엔터테이너이면서 세상을 향해 눈과 귀를 열어두고 부단히 웃음의 감각을 단련하는 학습자의 면모를 보입니다. 예능인으로 두각을 나타내는 코미디언이나

유튜브 채널 혹은 틱톡 콘텐츠로 존재감을 알린 코미디언이나 타고난 재능은 일종의 관문 역할을 할 뿐, 재능을 궤도 위로 올리는 것은 치열함이라고 입을 모읍니다.

미국에서 활약하는 한국계 코미디언 영미 메이어는 '잡스'와의 인터뷰를 통해 "관객이 웃지 않으면 코미디 근육을 강화하기 위해 더 노력해야 한다"며 "매일 해야 더 잘 웃길 수 있다"는 이야기를 남기기도 했습니다. 국내 최고의 코미디언으로 자신의 영역을 확고히 한 박나래와 김영철 역시 "될 때까지 해본다", "살아남는 게 가장 중요하다"며 재능 너머의 생존에 대해 털어놓았죠. 이들의 말처럼 코미디언은 성공과 실패라는 양쪽의 열매에 동시에 무뎌져야 하는 사람들인지도 모릅니다. 어떤 반열에 오른 코미디언이라 하더라도 웃음의 타율을 균일하게 유지하는 것은 불가능에 가까우며, 실패한 농담 뒤로 성공한 농담이, 성공한 농담 뒤로 다시 실패한 농담이 자리를 꿰차며 전복과 교차가 이어지죠. 이와 같은 무대 위 코미디언의 드라마는 얄궂은 삶의 운명과도 닮아 있습니다. 그래서인지 많은 코미디언들이 어제의 실수와 실패를 훌훌 털고 아무일 없었다는 듯 오늘의 코미디를 준비하는 모습에 묘한 위로를 받는 일이 많은 것 또한 사실입니다. 아마추어의 농담과 프로 코미디언이

선보이는 치밀한 개그의 차이는 바로 이 페이소스로부터 생겨나는 것일테고요. 지면을 빌어 '잡스'의 인터뷰에 흔쾌히 응해준 여섯 명의 코미디언들에게 감사와 응원의 마음을 전하며, 매거진 «B»의 조수용 발행인과 나눈 인터뷰를 시작으로 그들의 세계를 들여다보고자 합니다.

코미디언을 본격적으로 다루기 전에, 그들이 지닌 원천 기술이라 할 수 있는 유머와 위트에 대해 이야기해 보고자 합니다. 우리 삶에서 유머와 위트는 왜 중요할까요?

> 제 생각에 유머와 위트는 가장 진화한 버전의 사회 역량인 것 같아요. 최상위 레벨에 있는 사회적 관계 맺기 스킬이라고 할까요? 그런 의미에서 코미디언은 남에게 웃음을 주는 일 말고도 무슨 일이든 아주 잘할 것이라는 생각이 들어요.

유머와 위트가 왜 관계 맺기 기술이라고 보나요?

> 유머와 위트는 자기가 던진 말을 듣고 상대가 어떤 느낌을 받을지 순발력 있게 상상해내는 능력이거든요. 부모님이든 아이든 친구든 선배든 그 대상에 따라 각기 시뮬레이션을 하는 셈이고요. 그런데 이런 종류의 상상력은 연습이나 공부로 키우기 어려운, 일종의 본능과 감각에 의지하는 재능에 가깝습니다. 즉 상대방의 마음을 잘 읽는 능력이며, 쉽게 말하면 눈치가 빠른 거죠. 매 순간마다 상황 판단이 아주 빠른 거고. 그래서 큰 틀에서 관계 맺기라고 보는 거예요.

사회에서 실제로 그런 재능을 가진 사람을 만나보면, 다른 쪽의 재능도 정비례하던가요?

그간의 경험으로 볼 때 대체로 그랬던 것 같아요.
사실 누군가와 대화를 나누면서 던지는 말이 유머와
위트가 되느냐 아니냐는 종이 한 장 차이여서, 이처럼
언어의 수위와 경계를 넘나들며 잘 컨트롤하는 분들은
대체로 다른 방면에서도 유능한 경우가 많았던 것으로
기억합니다. 이 정도로 유머를 구사할 수 있는 사람들은
어떤 종류의 대화에서도 상대의 마음을 얻을 가능성이
높아지니까요. 결국 감각에 대한 이야기입니다.

그렇다면 빠른 상황 판단 능력이나 상상력 말고 코미디언에게 또
필요한 능력은 뭐라고 생각하나요? 즉 어떤 재능이 있는 사람이
코미디언이 될 수 있다고 보나요?

대중의 인기를 먹고사는 직업이라는 것 자체가 이미
상당히 난이도가 높은 일이라고 보는데, 특히 코미디언은
그 지점에서 가장 극한의 어려움을 겪을 것 같아요. 예를
들어 영화배우나 뮤지션의 경우, 좋은 성과를 낸 작품이
있다면 그 작품 하나만으로도 장기적 관점에서 커리어나
팬덤을 관리하기 용이하지만, 코미디언은 그 호흡이
훨씬 짧죠. 개그라는 것은 조금만 시간이 지나도 처음의
신선함을 유지하기 어려운 장르이니까요. 그 지속력이

때로는 한 달에 못 미칠 수도 있고, 열광의 반응만큼 돌아서는 속도도 매우 빠르니, 이런 지점에서 압박감이 굉장히 클 거라 짐작해봅니다. 그래서 오랫동안 활동하는 코미디언들을 보면 자신에게 주어지는 압박감을 이겨내는 재능까지 겸비하고 있는 것 같아요. 대부분의 사람은 버텨 내기 힘들거든요. 내가 일군 성과가 지속적으로 누적되면서 커리어를 지탱해줘야 하는데, 그렇지 못하고 매 순간 영점에서 새롭게 쌓아 올려야 하기 때문입니다. 그 의지는 정말 대단한 것이라 생각해요. 그런 의미에서 저는 코미디언들을 존경합니다.

최근 미디어의 지각 변동으로 코미디언들이 과도기를 겪고 있는 듯한데요. 공개 코미디라고 하는 정통 코미디 장르의 영향력이 줄어든 대신, 그 어느 때보다 코미디화한 콘텐츠가 다양하게 소비되고 있기도 하고요. 예능 프로그램에서 활약하는 코미디언들도 많아졌죠.

저는 유튜브 코미디 채널을 꽤 자주 챙겨보는 편이에요. (웃음) 코미디언들이 모여서 직접 각본을 짜고 촬영도 하고 편집까지 해내는데, 편성 주권이 방송국에 있던 TV 시대 때는 보지 못한 광경입니다. 어떻게 보면 유튜브라는 매체가 생기면서 코미디가 점점 더 흥미롭게 진화할지도 모르겠어요. 미디어의 지각 변동은 비단 코미디나 개그 장르에 국한된 것이 아니라 이 시대의 전반적 변화입니다. 인기 높은 경제 관련 유튜브 채널 같은 것만 봐도 이제는 방송사의 뉴스가 그 속도와 깊이를 못 따라온다는 게 보이거든요. 이처럼 그들이 겪는 과도기는 미디어 지형 자체의 변화로 인한 것이기 때문에, 그 변화의 결과가 안타깝다거나 아쉽다라는 의견에 저는 별로 공감하지 못하겠어요.

정통 코미디 프로가 있느냐 없느냐의 문제이기도 하지만 방송사의 공채 개그맨, 그러니까 개그맨의 정통성을 입증하는 시스템이 사라지는 문제라고도 볼 수 있지 않을까요?

예전에 매거진 《B》 유튜브 편에서도 이런 이야기를 했는데, 이제는 유튜브의 추천 알고리즘이 등용문 역할을 대신하는 셈입니다. 캐스팅의 열쇠를 쥐고 있는 거죠. 어찌 보면 크리에이터로서 성공하느냐 실패하느냐의 열쇠를 유튜브 알고리즘이 쥐고 있다는 것이 다소 무섭고 슬픈 이야기일 수도 있어요. 하지만 이처럼 변화한 미디어 환경 속에서도 추천되느냐 되지 않느냐에 목을 매지 말고 조금 더 시야를 넓혀야 한다고 봅니다. 트래픽이 높고 미디어로서 힘을 가진 유튜브 코미디 채널을 방송국 삼아 후배를 양성하는 시스템을 갖출 수도 있을 테고요.

제작 환경만 바뀐 것이 아니라 유튜브나 틱톡 등 플랫폼의
다양화로 웃음의 뉘앙스도 다양화되었습니다. 일상에서 벌어지는
엉뚱한 에피소드를 15초라는 짧은 시간 안에 담아내는 사람들도
코미디를 생산한다고 볼 수 있겠지요.

> 큰 틀에서 오늘날의 코미디언은 작가라고 생각해요.
> 15초짜리 틱톡 콘텐츠든 10분짜리 유튜브 콘텐츠든
> 내가 전하고자 하는 이야기로 웃음을 만들어내는 거죠.
> 자라나는 젊은 친구들은 이처럼 다양한 플랫폼을 이용해서
> 작가의 재능을 자연스럽게 갈고닦을 거예요. 이들에게
> 창작이라는 행위는 그렇게 거창한 일이 아닙니다. 무언가
> 만드는 일을 거창하게 생각하지 않는다는 것이 젊은 세대의
> 특출한 재능이기도 하고요. 등단이나 공채처럼 창작의
> 자격을 제도권에서 인증받는 방식은 이제 사라지고 있으니,
> 모든 게 다변화하고 있다는 사실을 받아들여야 하겠지요.

그 연장선상에서 최근 가장 인상 깊게 본 코미디나 코미디언을
꼽는다면요?

> 저는 〈피식대학〉이라는 채널을 굉장히 즐겨보고 있어요.
> 어쩌면 〈피식대학〉에 나오는 친구들이 한국 코미디 역사의
> 패러다임을 바꿨다고 할 수 있을지도 모르겠어요.
> 이 친구들의 등장으로 많은 유튜브형 코미디언들이 각자

기반을 다지게 되었다고 봅니다.

이번에 여러 코미디언을 인터뷰하면서 코미디언이야말로
제너럴리스트적 면모를 갖춘 직업인이라는 생각이 들었습니다.
작가이자 퍼포머, 동시에 연출가이자 디자이너라고 해도
과언이 아닌데요. 그런 점에서 코미디언은 특정 능력을
뾰족하게 갈고닦은 스페셜리스트보다 다양한 자질을 관통하는
제너럴리스트를 요구하는 요즘 시대가 원하는 인재상 아닐까요?

박찬욱 감독의 작품 〈헤어질 결심〉에 김신영 씨가 배우로
캐스팅되었잖아요. 박찬욱 감독이 여러 인터뷰에서
그 캐스팅에 대해 언급했는데, 그 말들이 굉장히
인상적이었어요. 일반적으로 영화에서는 웃음이
필요한 대목에서 감초 역할을 맡기기 위해 코미디언을
캐스팅하는데, 박찬욱 감독은 김신영 씨를 정극을 소화할
수 있는 연기자라고 여겼고, 그것도 개그 코너 '행님아'
속 연기를 보면서 배우로서 가능성을 봤다고 했죠. 이
에피소드가 저는 코미디언의 제너럴리스트로서의 가능성,
즉 수평적 확장의 가능성을 증명한 사례라고 봐요. 최고의
코미디언이 최고의 배우가 될 수도 있다는 점에서요.
저는 재능이라는 것은 모든 방면으로 깊고 긴밀하게
연결되어 있다고 생각합니다. 그 사례로서 가장 진화한
직업인이 코미디언 아닐까 싶어요.

**Narae
Park**

박나래

Seoul

01

박나래는 공개 코미디부터 예능, 스탠드업 코미디까지 성격이 ㅅ
이다. 2006년 KBS 공채 21기로 데뷔한 이래로 크고 작은 도건
도에 대한 고집이 이 일을 대하는 책임감과 맞닿아 있다고 말힌

프로그램에서 맹활약하며 자신의 존재감을 증명해온 코미디언

해온 그는 작은 부분도 허투루 넘어가지 않으려는 노력과 완성

코미디언은 종합예술인이에요

서울시 마포구 상암동 보헤미안 박이추커피,
2022년 6월 13일 오후 3시 30분

박나래

강한 자가 살아남는 게 아니라, 살아남는 자가 강한 것이다

올해 1월, 2년 만에 tvN 〈코미디빅리그〉[1]에 복귀했어요. 예능 프로그램도 여러 개 하는 와중에 공개 코미디 무대까지 다시 도전하겠다는 결정이 쉽진 않았을 텐데요.

공개 코미디를 할 때 무척 행복하거든요. 예능 프로그램도 나름의 재미가 있지만, 공개 코미디는 그만의 매력이 있어요. 예능 프로그램도 공개 코미디도 하고 싶어서 욕심을 냈는데, 돌아보니

[1] 2011년 시작해 매주 일요일에 방송되는 서바이벌 형식의 공개 코미디 프로그램. 지상파 코미디 프로그램 사이에서 유일하게 살아남은 공개 코미디 프로그램으로, 매분기 히트 코너들을 탄생시키며 대한민국 코미디 트렌드를 선도하고 있다. 〈코미디빅리그〉에서 전성기를 보낸 코미디언 이용진, 양세찬, 이진호, 장도연, 박나래 등이 여러 예능에서 활약 중이다.

제 능력을 과신했나 싶은 게 체력적인 면에서 부침이 조금 생기더라고요. 공개 코미디는 예능보다 시간을 많이 투입해야 하거든요. 성대에도 고질적인 문제가 있다 보니 장거리 레이스라 생각하고 속도 조절을 잘해야겠다는 마음입니다.

성대폴립 수술도 한 적이 있다고 들었어요.

두 번 정도 했죠. 아직도 폴립이 남아 있어요. 완전히 다 없애기는 어렵다고 하더라고요. 음성치료도 같이 받아야 하는데, 발성 등 기존 언어 습관을 다 바꿔야 해서 쉽지는 않아요. 워낙 목을 많이 쓰는 직업이기도 하니까요.

뭐든지 무리하지 않는 선을 지키는 게 가장 어렵죠.

그렇지 않아도 최근에는 체력 관리에 신경을 쓰고 있어요. 롱런하려면 건강이 필수니까. 일단 나래 바 (bar)의 주인으로서 당당히 밝힐 수 있는 건 '술을 줄였다'는 겁니다. MBC 〈나 혼자 산다〉[2]에서도

2   2013년 첫 방송을 시작으로 매주 금요일 밤에 방송되는 MBC의 인기 예능 프로그램. 1인 가구가 늘어나는 사회현상을 반영해, 1인 가구의 싱글 라이프와 일상을 관찰 카메라 형식으로 담는다.

공개했지만, 홈짐을 만들어서 운동하고 있고요. 아침에는 사과, 검은콩우유, 요거트, 견과류, 샐러드 등 몸에 좋은 음식을 챙겨 먹으려고 노력 중이에요. 이참에 보디 프로필도 찍으면 좋을 것 같은데. (웃음)

2006년에 KBS 공채 개그맨 21기로 데뷔했으니 어느새 17년 차 코미디언이에요. 원래는 연기자가 되고 싶었다고 알고 있는데, 어떻게 코미디언의 길을 선택했나요?

연기자가 되기 위해 부모님을 설득해 목포에서 서울로 혼자 올라와 안양예고에 들어갔어요. 연기가 너무 좋아서 대학에서도 연극을 전공했는데, 개그 동아리에 멋있는 선배들이 있더라고요? 그래서 망설임 없이 가입했습니다. (웃음) 동아리 활동이 생각보다 재미있어서 매년 개그 공연도 올리고 열심히 참여했어요. 그러다 한 기수 후배가 KBS에 ⟨개그 사냥⟩이라는 아마추어 코미디 프로그램이 생기는데 동아리에서 같이 출전해보겠냐고 제안했고, 그때 무대를 준비하면서 코미디의 매력에 빠졌어요. 처음에는 방송에 나갈 수 있는 기회니까 한번 해보자는 마음 정도였는데, 치열한 열기에 저도 휩싸였죠.

구체적으로 어떤 매력을 느꼈는지 궁금하네요.

저희가 시도했던 코미디는 연극보다 호흡이 짧았어요.
짧게는 3분, 길게는 10분 안에 임팩트를 줘야 하는데
그걸 위해 여러 역할을 경험해볼 수 있다는 게
흥미로웠죠. 이야기의 기승전결을 짜고 플레이어가 되는
동시에 연출도, 무대 디자이너도, 음악 감독도, 의상
디자이너도 될 수 있다는 사실이 너무 재미있었어요.
이 경험을 하고 학교로 돌아갔을 때 코미디언
지망생들과 다시 팀을 만들었는데, 이들의 단합력과
아이디어, 순발력, 센스, 그 모든 것에 매료되었죠.
재미있고 매력적인 사람들 사이에 있다 보니 저도
잘하고 싶더라고요. 그래서 그 팀과 같이 공채 시험을
봤는데, 운 좋게 한 번에 붙었어요.

공채에 한 번에 붙는다는 게 쉬운 일이 아니잖아요. 그런데
KBS1 〈다큐 인사이트〉 '개그우먼' 편[3]에서 "세상을 바꿀 수 있는
코미디언이 될 거라던 다짐이 한 달
만에 와르르 무너졌다"라고 말하는
걸 봤어요. 남들보다 슬럼프가 빨리
왔던 걸까요?

제가 그토록 좋아했던
연기 경험이 오히려
악수가 되었어요. 저는

3   KBS 출신 여성
코미디언 6인의 삶을 조명한
다큐멘터리. 개그우먼 이성미,
송은이, 김숙, 박나래, 김지민,
오나미가 출연해 변화한 예능판
속 개그우먼들의 생각을 인터뷰
형식으로 담아냈다. '개그우먼'을
시작으로 〈다큐 인사이트〉의 '여성
아카이브X인터뷰' 시리즈에서는
'윤여정', '국가대표', '뉴스룸'이
방영되며 화제를 모았다.

초등학교 6학년 때부터 연극반에서 활동했고, 고등학교, 대학교에서 연기를 전문으로 배웠잖아요. 그래서인지 스물두 살에 코미디언이 되었을 때 남들과는 다르다는 자만심이 있었던 것 같아요. 지금 보면 젊은 날의 치기죠. 너무 잘하려고 욕심을 내다보니 힘도 잔뜩 들어갔어요. 그러면 부담스러운 연기가 나올 수밖에 없거든요. 선배들도 늘 제게 "나래야, 너 왜 이렇게 독해?"라고 말했을 정도였어요. 그 말이 힘을 빼라는 뜻이었다는 걸 당시의 저는 몰랐죠.

잘하려고 노력하는데 뜻대로 안 풀리는 데다 주변에서도 좋은 피드백을 받지 못했으니 의기소침해졌겠네요.

열심히 한다고 하는데 잘 안되니 어떻게 해야 하나 싶었어요. 학교도 동아리도 아닌 사회잖아요. 각자 자기 몫을 하기도 바쁜데 영글지 않은 신입을 앉혀놓고 하나부터 열까지 차근차근 가르쳐줄 수 없는 시스템이죠. 물론 이런저런 조언을 들었지만, 어떤 점을 어떻게 고쳐야 할지는 스스로 터득해야 했어요. 결국 데뷔하고 8년 정도 지나서야 저도 힘을 뺀다는 게 무슨 말인지 조금이나마 알겠더라고요. 신인 때는 '이게 내 길이 아닌가?' 하는 생각도 드는 한편, 오기도 생겨서 고민과 분투가 많았던 걸로 기억해요.

코미디언은 종합예술인이에요

코미디언이라는 직업 전선에 뛰어든 지 그리 오래되지 않았을 때인데, 다시 연기자를 지망하거나 다른 길로 가야겠다는 생각은 안 했어요?

제가 의외로 '될 때까지 해본다' 정신이 있어요. 약간의 집착이랄까, 악바리 정신이 있답니다. (웃음) 예전 희극인실에 가면 많은 글이 붙어 있었는데, 그중 **"강한 자가 살아남는 게 아니라, 살아남는 자가 강한 것"**이라는 문장을 자주 봤어요. 선배들도 그랬어요. "이 바닥은 영원한 무명도 없고 영원한 톱스타도 없다. 끝까지 살아남으면 언젠간 된다." 그래서 저도 막연하게 언젠가는 될 거라고 생각했고요. 그렇다고 저 자신을 탓하거나 깎아내리진 않았어요. 성격이 단순한 편이라 화가 나거나 힘들어도 금방 털어내거든요. "되면 좋고 안 되면 어쩔 수 없으니 술이나 한잔하자! 개그는 또 짜면 되지!" 이러면서.

목적지까지 내비게이션이 알려주는
길로 예상대로 살아가는 것이 대체로
낫다고 생각할 수 있지만, 우리
모두에게 해당하는 하나의 목적지는
죽는 것이고, 그 외에는 제각각이다.
태어날 때부터 죽을 때까지 각자의
삶 아닌가. 평범함에 들려고
노력하지 말고, 그렇다고 남들 삶에
왈가왈부하지도 말고 나답게 살기
위해 나를 내버려두자.

커리어 초반기에 대해 이야기하자면 KBS2 〈개그콘서트〉[4]를 빼놓을 수 없어요. 가장 애착을 가졌던 코너를 꼽는다면요?

> 두 가지 코너가 떠오르는데, 일단은 '패션 넘버5'[5]를 꼽고 싶어요. 가장 마지막으로 했던 코너여서 더 그런가봐요.

10년 전에 무대에 올렸던 코미디인데

4   1999년부터 2020년까지 방영된 KBS2의 공개 코미디 프로그램이자 대한민국 역사상 최장수 코미디 프로그램. KBS의 간판 프로그램으로 대학로 무대에서 활약하던 코미디언들을 방송으로 데려와 수많은 신인 코미디언들의 등용문이 되었다. 2020년 6월 26일, 1050회를 끝으로 21년 역사를 마감했다.

5   〈개그콘서트〉에서 코미디언 장도연, 허안나, 박나래가 선보인 코너. 패션계에서 쓰는 어휘나 패션 피플들이 늘어놓는 난해한 유행 아이템들을 소재로 삼아 능청스러운 연기와 몸 개그를 통해 웃음을 주었다.

지금 봐도 기발하고 재미있어요. 패션이라는 소재로 이런 퍼포먼스를 낼 수 있구나 싶었죠.

> 제게는 터닝 포인트가 된 코너나 다름없어요. 당시에 명절을 맞아 잠깐 고향에 내려가 있었는데, 허안나 씨와 장도연 씨한테 연락을 받았어요. 재미있는 아이디어가 있는데 같이 코너를 짜보자고. 듣자마자 바로 합류했죠. 제가 워낙 패션을 좋아하고 관심도 많아서 아이디어를 내는 것 자체가 즐겁더라고요. 원단과 부자재를 구입하기 위해 멤버들과 시장을 돌아다니고, 회의실 구석에 재봉틀을 두고 의상 제작에 들어갔죠. 다른 사람들은 다 말로 주고받으면서 회의하는데, 저희가 있는 곳에서는 밤낮을 불문하고 '드르륵' 소리가 멈추질 않았어요.

동료 코미디언들의 반응은 어땠나요?

> 다들 뭐 하고 있느냐고 그랬죠. 저희가 재봉틀을 끼고 사니까 어느 날에는 동료 코미디언이 와서 바지 밑단을 수선해달라고 하더라고요. 3천 원 받고 줄여드렸습니다. (웃음)

아까 연기뿐만 아니라 연출이나 무대 의상까지 직접 챙길 수 있는 게 이 일의 매력이라고 했는데, 그 지점이 잘 나타난 코너 같네요.
매번 제작해야 하는 의상에 대한 영감은 어떻게 받았나요?

저는 아마 코미디언이 되지 않았다면 패션 디자이너가
되었을 거예요. 그만큼 옷에 관심이 많아요. 어렸을
때는 직접 스케치도 해보고 그랬어요. 잡지도 보고
패션쇼도 보면서 눈에 들어오는 부분이 있으면 엄청나게
찾아봤어요. 이것저것 챙겨보다 보면 의상, 포즈, 헤어,
메이크업, 음악 등 많은 부분이 영감을 주거든요. 멧 갈라
(Met Gala)[6]는 그때부터 지금까지 매해 챙겨볼 정도로
좋아해요.

호기심이 많은 스타일이군요.

기본적으로 뭔가를 쉴 새 없이 보는 편이에요. 거기에다
판타지나 SF처럼 상상력을 펼칠 수 있는 장르를
좋아하고요. 옛날에 저희
집이 문방구와 서점을
운영했는데, 그 시절에도
만화책이 팔리기 전에
몰래 꺼내서 조심조심
잘 봤거든요. (웃음)
이런 부분도 영향을 주지

6 　　　　뉴욕 메트로폴리탄
미술관의 코스튬 인스티튜트
(Costume Institute)가 1948년
부터 시작해 매년 개최하는 자선
모금 행사. 개최 첫해부터 매년 5월
첫째 주 월요일에 열린다. 다양한
분야의 유명 인사들이 초청되며
드레스코드에 맞춰 기상천외한
스타일을 뽐내는 것으로 유명하다.

않았을까요?

애착이 가는 또 다른 코너는 무엇인가요?

제가 가장 처음 들어갔던 코너가 '봉숭아학당'이었어요.
거기서 귀신 캐릭터를 맡았는데, 연기에 너무 몰입해서
문제가 생겼죠. 개그 캐릭터인데 무섭다는 독자 의견이
자꾸 들어왔다고 하더라고요. 두 달 출연하고 빠졌는데,
그럼에도 재미있었어요. 처음 짠 개그로 검사를 받고,
통과가 되고, 녹화에 들어갔던 그 모든 과정이.

2012년쯤에는 〈코미디빅리그〉 시즌 3에 합류했어요.
〈개그콘서트〉도 〈코미디빅리그〉도 같은 공개 코미디인데, 다른
무대로 가야겠다고 결심한 이유가 있었는지 궁금해요.

〈개그콘서트〉에서 5-6년 정도 활동하고 내린
결정이었는데, 당시 tvN으로 이적한 김석현 감독님을
워낙 존경했고 양세형 씨, 장도연 씨 등 신뢰하는
동료들도 있었기 때문에 용기를 냈어요. 저 혼자였다면
절대 못 했겠죠. 지금은 〈개그콘서트〉가 폐지되었지만,
당시에는 존재감이 워낙 컸을 때라 고민이 됐어요.
상징적인 무대를 두고 나온다는 게 쉽지 않았지만,
자유롭게 코미디를 해보고 싶다는 마음이 앞섰죠.

자신감이 있었나요?

> 그렇진 않았어요. 그보다는 '안 하면 후회할 것 같으니까 한번 해보자'는 마음에 가까웠죠. 저는 해도 후회, 안 해도 후회라면 '하고 후회하자'는 쪽이거든요. 제 인생을 돌아보니 늘 그런 기조로 살아왔더라고요. 안 하고 후회하면 미련이 남잖아요.

미래의 내가 돌아봤을 때 후회가 남을 것 같으면 일단 하자.

> 무조건 하자.

인터뷰를 시작하면서 〈코미디빅리그〉에 복귀했다는 이야기도 했지만, 예능 프로그램과 공개 코미디를 동시에 한다는 게 사명감 없이는 어려운 일이라는 말을 들은 적이 있어요. 당신에게 공개 코미디는 어떤 의미인가요?

> 뿌리죠. '박나래'라는 사람을 나무라고 치면, '공개 코미디 무대'는 뿌리예요. 그 위에서 자라난 덕분에 지금 모습으로 서 있을 수 있으니까요. 무슨 일이 닥쳐도 꺾이지 않고 일어설 수 있는 건 돌아갈 무대가 있기 때문이거든요. 함께하는 선후배, 동료들과 숲을 이루고 있다고 생각해요. 나무 혼자서는 자랄 수 없잖아요.

숲이 있어야 나무도 잘 자랄 수 있고요.

아쉽게도 공개 코미디 무대가 점점 사라지는 상황이에요.

비슷한 방식으로 펼치는 코미디가 없어지지는 않을 거예요. 공연을 할 수도 있을 테고요. 그럼에도 공개 코미디 무대가 전부 사라진다면 엄청나게 그리울 것 같아요. 팀으로 코미디를 짜고, 무대 위에서 임팩트 있게 보여주고, 관객과 함께 호흡하는 그 모든 것이. 고향이 없어지는 것과 비슷한 감정이 들지 않을까 싶네요. 고향은 존재한다는 사실만으로도 상징적인 의미가 있으니까요.

할 수 있는 역할이 뚜렷하지 않으면 내려놓는다

분장을 소재로 한 코미디도 자주 선보이잖아요. 코미디언으로서 자신의 특기가 있다는 건 엄청난 강점이 될 텐데, 어떤 부분에서 당신만의 개성을 담으려고 하나요?

분장 개그는 눈썰미가 중요해요. 일단 대상이 정해지면 최대한 끌어낼 수 있는 부분을 찾기 위해 그 사람이 출연한 작품을 거의 다 찾아봐요. 표정이나 대사를 치는 타이밍 등을 몇 번이고 돌려보면서 거듭 확인하죠. 그렇게 보고 또 보면 근육이나 주름같이 디테일한 부분이 눈에 들어오기 시작해요. 그럼 분장 선생님과 의논하면서 완성해나가죠. 사진으로 구현하는 게 아니라 분장을 한 채로 무대에서 말과 행동을 해야 한다는 점을 염두에 두고, 미세한 지점까지 담기 위해 수십 번이고 터치를 수정해요. 분장 선생님이 코미디 프로그램 경력만 30년인데, "너처럼 디테일한 애가 없다"라고 말씀하시더라고요.

분장 개그의 매력은 뭐라고 생각해요?

'얼굴 주름을 보면 그 사람의 성격을 알 수 있다'는 말을 들은 적이 있는데, 엄청나게 공감했어요. 저도 누군가의 얼굴을 한참 쳐다보고 있으면 캐릭터가 더 입체적으로 느껴지거든요. 인상을 많이 쓰는 사람은 미간에 주름이 있고, 눈웃음을 많이 지으면 눈가에 주름이 잡히잖아요. 몇 분 안 되는 짧은 시간에 이런 특징을 최대한 끌어내 임팩트 있게 보여줘야 하니 관찰력이 좋아질 수밖에 없어요. 누군가를 흉내 내기 위해 탐구하는 과정 자체가 즐겁기도 하고요.

'흡수'하는 과정 자체를 즐기는군요. 가장 기억에 남는 분장을 꼽는다면요?

마동석 씨요. 그전까지는 분장 개그를 재미있게 하는 데 초점을 뒀지, 모사를 잘해야겠다는 생각은 별로 안 했거든요. 그런데 마동석 씨 흉내를 내면서 분장을 통해 할 수 있는 코미디의 폭이 넓어졌어요. 마동석 씨가 저를 보고 웃으면서 "내가 되게 작네?"라고 하셨는데, 조금 부끄러우면서도 뿌듯했죠. 아무래도 분장 개그는 특징이 과장되기 마련인데 유쾌하게 잘 받아주셨어요.

예능에서 가장 두드러지는 활약상을 보이는 직업도 코미디언이에요. 예능을 할 때와 코미디를 할 때의 모드는 어떻게 다른가요?

예능이 인간 박나래에 중점을 둔다면, 코미디를 할 때는 철저히 만들어진 캐릭터에 가까워요. "개그는 개그일 뿐, 오해하지 말자!"가 그냥 나온 말이 아닙니다. (웃음) 코미디는 일종의 만화나 영화라고 생각해요. 거기에 등장하는 박나래는 어디에도 없는 가상의 캐릭터고요. 반면 예능인 박나래는 그 저변에 인간 박나래가 있어요. MBC 〈나 혼자 산다〉의 박나래도, MBC 〈구해줘! 홈즈〉[7]의 박나래도, tvN 〈놀라운 토요일〉[8]의 박나래도 다 인간 박나래에서 뻗어 나온

7   2019년부터 방영된 MBC 예능. '발품 중개 배틀'이라는 콘셉트로 연예인들이 의뢰인의 조건에 맞춰 집을 찾아주는 프로그램.

8   2018년 4월부터 방영 중인 tvN 주말 예능. 전국 인기 시장의 대표 음식을 걸고 출연자들이 노래 가사를 받아서 맞추는 게임을 골자로 한다. 매주 패널과 게스트가 제작진이 정해준 콘셉트에 따라 분장을 하고 나오기 때문에 이를 보는 재미가 있다.

모습에 가깝죠.

캐릭터가 달라지는 데서 오는 혼란은 없나요? 예를 들어 채널A 〈오은영의 금쪽 상담소〉[9]에서의 당신은 경청자에 가까운데, 〈코미디빅리그〉에서는 강렬한 퍼포머의 모습이잖아요.

오히려 철저하게 분리하려고 노력하는 편이에요. 왜냐하면 누군가에게 보여지는 직업이잖아요. 말과 **행동을 넘어 머리부터 발끝까지 '어떻게 다르게 보여줄 것인지' 고민하는 게 방송인으로서 가져야 할 책임감이라고 생각해요.** 단순히 스타일리스트가 입혀주는 대로, 또 메이크업을 받는 대로 프로그램에 들어가는 게 끝이 아니라는 거죠. 저는 프로그램마다 스타일을 다 다르게 잡아요. A 프로그램은 이렇게, B 프로그램은 저렇게. 헤어스타일, 옷감, 색감 등 스타일 콘셉트를 잡아서 스타일리스트와 논의하고 관리하죠. 그런데 이렇게 하고 있다는 건 우리끼리만 알아요. 말한 적이 없어서 남들은 모른다는 게 함정입니다. (웃음)

이 정도로 디테일하게 세팅하는 줄은 몰랐어요.

가끔 "TV를 틀 때마다 나래

9   2021년부터 채널A에서 방영 중인 예능으로, 정신의학과 전문의 오은영 박사가 의뢰인의 심리 상태를 파악하는 동시에 마음의 문제를 해결해 나가는 성인 멘탈 케어 프로그램이다.

강희정, 박나래 인터뷰 '다들 실망할까봐
〈나 혼자 산다〉 출연 망설여' 중 (《한국일보》,
2017.6.24)

언젠가 내 이름을 건 프로그램을 하나 만들고 싶긴 하다. 토크쇼가 정말 좋다. 정말 매력이 있다. 그래서 내가 이끌어가는 프로그램이 있으면 하는 욕심이 있다. 그리고 또 하나 갖고 있는 욕심은, 감독님들이 드라마·영화 러브콜을 주시면 좋겠다. 올해 한 분 정도가 연락을 주셨는데 그게 〈역적〉이었다. 무려 열 시간을 찍었다. 윤균상 씨랑 개인적으로 친한데, 어느날 MBC 엘레베이터에 〈역적〉 종방연 공지가 붙어 있는 거다. 그래서 윤균상 씨한테 '나도 가야 되냐' 문자했더니 '누나 당연히 와야지' 하더라. (웃음) 이하늬 언니도 그렇고 다들 '왔어야죠' 했는데 말이다. 너무 1회에 출연했기 때문에 가기가 좀 그랬다. 재미있는 경험이었다.

씨가 나와서 너무 좋다"라는 말을 듣곤 해요. 그런데 조금 바꿔서 생각해보니 여러 프로그램에 나오는 만큼 자칫 잘못하면 쉽게 질릴 수도 있겠다 싶더라고요. 그래서 내가 할 수 있는 최대의 노력이 뭘까 생각해봤고, 그게 캐릭터와 스타일을 분리하려는 노력으로 이어졌어요. 물론 최종 결정은 제가 하다 보니 개인적으로 선호하는 스타일이 조금씩 반영되긴 하지만, 시청자들이 프로그램마다 다 다른 캐릭터로 저를 받아들인다면 그건 좋은 시그널이라고 봅니다.

프로의 자세네요. 남들이 알아주든 아니든 내가 그 작업을 어떻게 정의하고 어떤 방식으로 접근하는지가 중요한 순간이 있으니까요.

맞아요. 그래서 묵묵히 해올 수 있었죠.

예능 프로그램도 여러 개를 하고 있잖아요. 프로그램을 선택하는 기준이 있나요?

옛날에는 찾아주면 했어요. 스케줄이 비었다 싶으면 거의 다 했죠. 워낙 무명 생활이 길어서 일에 갈증이 있었거든요. 그 시기를 지나서는 제가 재미있느냐를 기준으로 선택했어요. 이마저도 지나 지금은 프로그램이 주는 의미가 무엇인지에 대해서 조금씩 생각하는 단계에 접어들었네요.

재미와 의미, 실은 둘 다 중요하죠.

전에는 제가 느끼는 재미와 의미에 70의 비중을 두고 나머지 30이 시청자에게 어떤 의미를 줄 수 있을지 생각했다면, 지금은 반대예요. 남들이 보기에도 재미있고 의미 있는 걸 해야겠다는 비중이 70까지 늘어났어요. 사실 내가 재미있으면 남들도 재미있을 거라고 생각했는데, 자만했던 것 같아요. 나만 재미있다고 되는 게 아니더라고요. 철이 좀 들었나? (웃음)

그 외에는 어떤 요건들을 고려하나요?

'내가 이 프로그램에서 어떤 역할을 할 수 있을까?', '더 기여할 수 있는 부분은 무엇일까?', '나도 재미있게 참여하는 동시에 더 많은 사람이 유쾌하게 받아들일 수 있을까?' 등 전체 상황을 두루 고려해요. 아무리 욕심이 나는 프로그램이라고 해도 그 안에서 내가 할 수 있는 역할이 뚜렷하지 않다면 내려놔요. 옛날에는 욕심이 나면 무조건 하겠다고, 체력이 되든 말든 일단 하겠다고 외쳤거든요. 그런데 체력이 안 되는데 하는

것도 민폐더라고요. 물론 기본적으로 제가 흥미를 갖는
장르와 소재인지도 중요해요. 지금 하는 프로그램들은
그런 면에서 잘 맞죠.

이렇게 전반적으로 고려해서 결정해야겠다고 생각한 지는 얼마나
되었어요?

오래되진 않았어요. 1년 정도? 체력적인 부분도 무시할
수 없고요. 지금 예능 프로그램을 일곱 개 하고 있는데,
원래 이 숫자면 스튜디오 촬영만 하는 게 일반적이에요.
혹은 격주로 녹화하거나. 그런데 저는 매주 녹화에
야외 촬영까지 있어요. 좋아하는 일을 오래 하려면 이제
조금은 전략적으로 움직여야 할 때가 아닌가 싶기도
하고요.

자신감과 불안감이 공존하는 채로 걸어간다

2019년에는 스탠드업 코미디에 도전했어요. 한국에선 다소
생소한 장르이기도 하고, 특히나 한국 여성 코미디언으로서는
전에 없는 시도였죠. 스탠드업 코미디는 분장을 하는 것도
아니고, 긴 시간 사람들 앞에서 말로 웃겨야 하는데 부담이 되지는
않았나요?

언젠가 제 이름을 건 쇼를 해보고 싶기는 했어요. 제가
취미로 디제잉을 하니까 디제잉도 하면서 다양한
퍼포먼스를 보여줄 수 있는 쇼, 굳이 예시를 말하자면
'물랑 루즈'[10]나 '태양의 서커스'[11] 같은 느낌의 쇼 말이죠.
그런데 회사에서, 넷플릭스에서 제안이 왔는데 스탠드업
코미디를 해보면 어떻겠냐고 하더라고요. 처음엔

'내가 하자는 공연은 그게 아닌데… 그리고 굳이 지금 해야 할 필요가 있을까?' 생각했어요. 왜냐하면 저는 말로 웃기는 부류의 코미디언은 아니거든요. 콩트형 코미디언에 가깝지. 스탠드업 코미디는 마이크 하나로 웃겨야 하는데 그런 코미디를 해본 경험도 없었고요. 그래서 거절하려다가 미팅만 가볍게 해보자고 해서 나갔는데… 네, 하게 되었습니다. 제가 귀가 얇거든요. (웃음)

해보니 어땠던가요?

좋은 경험이었어요. 저는 새로운 시도를 좋아하는 사람이거든요. 도전 자체에도 의의를 두고요. 누군가는 재미없다고 평가할 수도 있지만, 스스로는 어렵게 느끼던 부분을 회피하지 않고 돌파했다는 점에서 어느 정도 만족도가 있었어요.

10   1889년 파리 몽마르트르에 문을 연 카바레로 '붉은 풍차'라는 뜻이 있다. 프렌치 캉캉으로 불리는 화려한 춤인 '카드리유(Quadrille)' 공연으로 인기를 끌었으며, 이를 배경으로 아름답고 슬픈 사랑 이야기를 담아낸 뮤지컬 영화 ‹물랑 루즈(Moulin Rouge!)›가 2001년 개봉해 큰 성공을 거두었다. 영화의 성공에 힘입어 동명의 매시업(mash-up) 뮤지컬 또한 제작되어 호평받았다.

11   1984년 캐나다 퀘벡의 거리 곡예사 기 랄리베르테(Guy Laliberté)가 거리 예술가 20명과 함께 창단한 서커스. 서커스에 감동적인 스토리와 음악과 무용, 뮤지컬 요소를 도입해서 대성공을 거뒀으며, 창립 이후 30여 년간 세계 60개국, 450여 도시에서 약 2억 명의 관객을 유치해 역사상 가장 성공한 공연 사업 모델로 꼽힌다.

코미디언은 종합예술인이에요

준비하는 과정이 쉽지 않았을 것 같아요.

일단 시작하니 욕심이 나더라고요. 당초 계획했던 것보다 많은 시간을 투입했는데도 준비가 덜 된 것 같아서 일정을 연기하면서까지 아이디어 회의와 원고 수정을 거듭했어요. 제대로 해야 한다는 부담감도 있었고, '박나래 별거 없다'는 이야기를 듣고 싶진 않았으니까요. '해도 후회, 안 해도 후회라면, 하고 후회한다'가 제 기조라고 했잖아요. 거기에는 전제가 있어요.

어떤 전제요?

후회 안 할 만큼 제대로 준비한다는 전제요. 그 정도로 준비했음에도 후회가 생기면 그땐 큰 미련이 안 생겨요. 할 만큼 했다는 말이잖아요. 〈박나래의 농염주의보〉[12]도 그런 마음으로 준비하긴 했죠.

만약 넷플릭스에서 한 번 더 스탠드업 코미디를 해보자고 제안이 오면 어떻게 할 거예요?

하고 싶어요. 그런데 곧장은

12   2019년에 진행한 코미디언 박나래의 스탠딩 코미디쇼. 방송에서는 담아낼 수 없던 여성들의 성적 욕망을 화끈하고 유머러스한 화법으로 풀어냈다. 서울 공연은 예매 시작 5분 만에 매진되었고, 넷플릭스 오리지널 코미디 스페셜 콘텐츠를 통해 전 세계 190국에 동시 공개되었다.

아니고, 아이를 낳은 후에 다시 도전하고 싶어요.

전혀 상상하지 못한 답변인데요?

제가 결혼에 엄청난 의미를 두는 건 아니에요. 결혼에 절대적인 의미를 두는 것 자체가 시대착오적 발상인 것 같고요. 그럼에도 냉정하게 현실을 보면 여성 코미디언에게 결혼이 주는 여파가 크거든요. 결혼하고 아이를 낳는 순간부터 할 수 있는 예능 프로그램도 많이 줄어들고요. 그래서 오히려 결혼하고 아이를 낳은 후에 스탠드업 코미디에 도전하면 지금까지와는 완전히 다른 시각으로 풀어낼 수 있는 이야기가 많을 것 같아요. 나 스스로는 결혼 전과 후가 똑같다고 생각하지만, 나를 둘러싼 사회와 시선은 달라질 테고 거기서 생겨나는 에피소드도 많아지겠죠. 코미디라는 문법 안에서 제 나름대로 편견에 맞서는 방법을 터득하고 싶은데, 그게 삶의 과정과 자연스럽게 연결되면 좋겠어요.

기대되는데요. 여성들의 폭넓은 공감도 받을 것 같고요.

스탠드업 코미디를 준비하면서 앨리 웡(Ali Wong)[13]의 스탠드업 코미디를 많이 봤는데, 임신한 상태로 무대에 오른 모습이 정말 멋있었어요. 그런데 김영희 씨가 만삭으로 스탠드업 무대에 벌써 섰더라고요? 내가 하고 싶었는데. (웃음) 나중에 아이를 안고도 할 수 있으면 좋겠네요. 여하튼 시즌 2를 하게 된다면 제가 더 잘할 수 있는 부분을 찾아서 도전하고 싶어요.

같은 해에는 MBC에서 연예대상도 받았어요. 대상을 받고 난 이후에 불안감은 없었나요?

왜 없겠어요. 그런데 BTS 인터뷰를 보니까 그들도 불안감이 있다고 하더라고요. 불안감은 분명 있지만 안고 가는 게 맞는 것 같아요. 정확히는 '나 대상 받은 여자야!'라는 자신감과 불안감이 공존하는 채로 걸어가는 거죠. 안 그럼 어쩌겠나요. (웃음)

2018년 MBC 연예대상 수상자인 이영자 씨와 무대에서 포옹하는 장면이 화제가 되기도 했어요. 여성 코미디언들의 활동이 다시금 주목을 받던 시기라 일종의 유대감이 표출된 장면같더라고요.

아무래도 여성

13   1982년생. 미국의 배우, 코미디언, 작가. 23세에 처음으로 스탠드업 코미디에 입문했다. 넷플릭스 스탠드업 코미디 스페셜 〈베이비 코브라(Baby Cobra)〉, 〈성性역은 없다(Hard Knock Wife)〉, 〈돈 웡(Don Wong)〉을 통해 임신, 출산, 육아, 성생활, 페미니즘을 주제로 거침없고 유쾌한 이야기를 풀어내 뜨거운 반응을 얻었다. 딸들에게 보내는 솔직한 여성의 이야기를 담은 저서 《디어 걸즈(Dear Girls)》는 《뉴욕타임스》의 베스트셀러에 올랐다.

코미디언들은 서로에 대한 애틋함이 있죠. 코미디언 성비로만 봐도 남성이 훨씬 많으니까요. 지금은 그렇지 않지만 예전에는 여성 코미디언을 뽑는 기준이 획일화되어 있었어요. 그런 시대와 환경 속에서 살아남아 지금까지 활동하는 사람들을 보면 일종의 전우애가 생길 수밖에 없죠. 우리 모두 고생했던 걸 아니까, 이렇게 인정받고 보상받는 시기가 온 걸 함께 축하하고 잘해왔다고 격려하면서 서로 보듬어주는 마음이 드러난 장면이라고 생각해요. 저뿐만 아니라 다른 여성 코미디언들도 그런 마음이었을 거예요. 말하지 않아도 다 느껴지죠.

얼마 전에 무한도전 예능총회를 봤다. 그때 '여성 예능인의
부재'에 대한 주제를 다뤘더라. 그때 김숙 씨와 함께 출연을
했었다. 불과 3-4년 전이었던 것 같다. 지금은 그때의
이야기를 뛰어넘을 정도로 많은 여성 예능인, 제 친구들이
잘하고 있어서 '세상이 바뀌었구나' 생각한다. 이 흐름에
제가 있었다는 게 감사하다.

행복해서 웃는 게 아니라
웃어서 행복한 것이라는 말은 진짜다

코미디를 할 때 가장 중요하게 생각하는 지점이 있다면
무엇인가요?

음… '이게 재미있는가?' 요리사라면 '이게 맛있나?',
선생님이라면 '내가 잘 가르치나?' 되묻게 되지 않을까요.
기본을 잘하는 게 중요한 것 같아요. 코미디언은 재미와
카타르시스를 주는 일을 하니 그걸 주고 있느냐고
되물어야 하겠죠. 이때 내가 잘 살릴 수 있는 재미인지
아는 것도 필요해요. 어딘지 모르게 어색하거나 못 살릴
것 같다는 느낌이 오면 어떻게든 자기 스타일에 맞게
바꾸려고 노력해야죠.

그렇다면 요즘 가장 많이 하는 고민은요?

> 한때는 코미디를 하는 우리끼리만 재미있어도 괜찮다고
> 생각했어요. 하지만 그게 아니라는 걸 지금은 너무 잘
> 알죠. 모든 사람을 유쾌하게, 그러면서도 편안하게 웃게
> 만들려면 많은 고민이 필요하다고 느껴요. 저도 여전히
> 부족하기 때문에 경험과 내공이 좀 더 쌓여야 하는
> 영역이에요.

코미디언은 늘 타인에게 웃음을 주는 직업이잖아요. 반대로
당신은 힘들 때 누구를 보며 웃음을 얻나요?

> 다른 코미디언들이요. (웃음) 남들이 하는 코미디를
> 보면서 빵빵 터지고 나면 스트레스가 좀 풀려요. 웃음은
> 막을 수 있는 게 아니잖아요. '어떻게 저런 코미디를
> 하지?' 싶어서 분석해보려다가도 웃음부터 새어 나오면
> 이미 상황 종료인 거죠.

개인차는 있겠지만, 웃음과 가까이 있다 보니 행복 지수가 높은
직업이라는 생각도 드네요.

> 사람들이 무명 시절이 그렇게 길면 힘들지 않냐고
> 물어보는데, 생각보다 힘들지는 않았어요. 당시에는

제가 무명인지 아닌지보다 동료들과 재미있게 하루하루 잘 보내는 게 더 중요했거든요. '행복해서 웃는 게 아니라 웃어서 행복한 것'이라는 말이 진짜거든요. 웃잖아요? 그럼 행복한 것처럼 느껴져요.

직업 만족도가 높다고 봐도 되겠죠?

스트레스가 많은 것치곤 만족도가 높아요. 힘들고 어려운 일이 닥쳐도 잘 버틸 수 있는 이유가 뭘까 고민해봤는데, 웃음이 주는 힘이 워낙 센 게 아닐까요? 딱 꼬집어서 언제라고 말할 순 없지만, 매 순간 나의 불행을 웃음으로 승화시켜주는 이들이 주변에 많아서 코미디언이 되길 잘했다고 생각해요. 행복은 절대적인 게 아니라 상대적인 거니까.

방송할 때와 평소의 모습이 크게 다르지 않은 것 같아요.

비슷한 편이에요. 예능에서 보여주는 박나래가 100퍼센트 인간 박나래라고 할 수는 없지만, 전부를 다 담지 못했을 뿐이지 거짓은 없어요. 갭이 별로 없는 편이라 평상시에 저를 드러낼 때도 굳이 스트레스받지 않고요.

〈나 혼자 산다〉에서 보던 모습과 비슷하다고 생각하면 될까요?

코미디언은 종합예술인이에요

오히려 더 활동적이에요. 일 벌이는 것도, 새로운 걸 배우는 것도 좋아해요. 마음먹으면 1박 3일로 해외여행을 다녀오기도 하고요. 사람들을 집으로 초대하는 거랑 요리해서 함께 먹는 것도 좋아한답니다. 이미 다 아시죠? (웃음)

나래 바가 쉴 새 없이 돌아가겠군요.

사람들이 자주 올 땐 두 달 내내 펜션에 있는 것처럼 고기를 구울 정도였다니까요.

나래 바에는 코미디언 동료도 많이 방문하겠네요. 모이면 주로 어떤 이야기를 나누나요?

최근 근황도 말하고, 코미디 소재에 대한 이야기도 자연스럽게 나눠요. 최근에는 이국주 씨와 공개 코미디 무대가 없어질까 봐 두렵다는 이야기를 나눴어요. 나간 사람들이 돌아오기보단 새로운 얼굴들이 더 많이 나타나야 하는데, 그런 풀 자체가 점점 얕아지는 것 같다고. 남녀를 떠나 더 많은 코미디언 후배들을 보고 싶어요. KBS에도 다시 공개 코미디 무대가 생겼으면 하고, 공채 개그맨도 뽑으면 좋을 것 같고요. 지금 예능과 유튜브에서 활동하는 코미디언 대부분이 공채 출신인데,

이렇게 실력이 출중한 사람들을 계속 키워낼 수 있는 시스템이 있으면 이 업계의 미래도 밝지 않을까요?

확실히 사람들과 계속 교류하면서 에너지를 얻는 타입이네요.

제가 가진 열정과 에너지로 주변에 있는 좋은 사람들과 함께 즐겁게, 행복하게, 건강하게 롱런하고 싶어요. 저는 무엇을 하든 대충하는 사람은 아니에요. 사랑을 해도, 요리를 해도, 술을 마셔도, 코미디를 해도 내일이 없는 것처럼 하거든요. (웃음) 오늘을 마지막인 것처럼 즐기면서 계속 걸어갈래요.

박나래는 1985년 목포에서 태어났다. 초등학생 때부터 연기에 관심이 많아 안양예고 연극영화과에 입학하면서 연기의 세계에 입문했다. 연극 전공이었던 대학에서 개그 동아리에 들어가 활동하다 코미디의 매력에 빠진 그는 2006년 KBS 공채 21기로 합격하면서 코미디언으로서의 커리어를 본격적으로 시작했다.

—

KBS2 〈개그콘서트〉에서 '준호삼촌', '폭탄스', '패션 넘버5' 등의 코너에 출연했고, 이후 tvN 〈코미디빅리그〉로 건너가 시즌 3에 등장해 이국주, 장도연 등과 함께 '이개인(이것이 개그다. 인간들아!)' 팀으로 활약했다.

—

이후 MBC 〈라디오스타〉에 출연해 폭발적인 반응을 이끌어낸 그는 MBC 〈무한도전〉에 연이어 출연하며 공개 코미디뿐 아니라 예능 프로그램에서도 활동을 이어갔다. 현재 대표작으로 꼽히는 MBC 〈나 혼자 산다〉에는 2016년 9월부터 출연했으며, 프로그램의 인기에 크게 기여했다는 평을 받았다.

—

tvN 〈짠내투어〉, MBC 〈구해줘!홈즈〉, tvN 〈놀라운토요일〉, 〈신박한 정리〉 등 여러 예능 프로그램을 섭렵했으며, 2019년에는 넷플릭스 오리지널 〈박나래의 농염주의보〉로 스탠드업 코미디에 도전했다. 같은 해 MBC 연예대상에서 대상을 받으며 독보적 존재감을 보인 그는 여전히 장르와 캐릭터에 구애받지 않고 새로운 도전을 이어가는 중이다.

—

Instagram @wooju1025

박나래
Narae Park

"

코미디 프로그램은 호흡이 정말 빨라요. 제 생각에 가장 호흡이 빠른 프로그램은 뉴스이고, 그다음이 코미디인 것 같거든요. 코미디언들은 요즘 뭐가 재미있는지, 뜨는지, 신선한지 계속 찾아다니기 때문에 가장 먼저 트렌디함을 캐치하는 사람들이기도 해요. 눈으로는 계속 보면서 머릿속으로는 어떻게 활용해서 코미디로 풀어낼지 고민하죠. 이런 부분이 몸으로 체득되면 예능 프로그램에서도 자연스럽게 흘러나와요. 재미를 주는 호흡은 억지로 만들어낼 수 있는 게 아니기 때문에 어떻게든 쌓아두면 많은 도움이 되죠. 공개 코미디 프로그램과 예능 프로그램을 같이하면 이런 순환이 더욱 잘 느껴지기도 합니다.

"

**Youngmi
Mayer**

영미 메이어

New York

02

영미 메이어는 뉴욕에서 활동하는 스탠드업 코미디언이자 팟
하고 싶은 이야기를 즐겁게 나누며 사람들과 연결되기를 원했
을 고집하지 않고 자신이 잘할 수 있는 코미디를 찾기 위해 새
위해 필요한 덕목이라고 말한다.

그리고 소셜 미디어를 적극적으로 활용하는 인플루언서다.
셋의 나이에 전업 코미디언의 길로 들어섰다. 한 가지 장르만
를 거듭해온 그는 꾸준함이야말로 코미디언으로서 살아남기

감정을 솔직하게 드러내세요

뉴욕 맨해튼 인근 거리,
2022년 4월 14일 오후 2시

스탠드업 코미디는 즉흥 아닌 연습이다

최근 스탠드업 코미디쇼를 했다고 들었어요, 대면으로요.

팬데믹 이전에는 매일 한두 번씩 스탠드업 코미디 무대에 올랐습니다. 지금은 한 달에 한두 번 정도 하고 있죠. 코로나19(Covid-19) 때문에 1년 넘게 무대에 아예 서지 못했어요. 줌(Zoom)[1]을 활용하는 코미디언도 있지만 저로선 관객의 웃음소리를 들을 수 없어 신이 안 나더군요. 스탠드업 코미디언에게는 관객의 웃음이 중요하거든요.

1   비대면 화상 회의 서비스를 제공하는 미국의 플랫폼으로 재택근무, 인터넷 강의, 실시간 온라인 수업 등에 사용한다. 팬데믹 이후 세계적으로 수요가 급증했다.

자주 무대에 오르지 못했던 만큼 더

간절한 마음이었을 것 같아요.

그렇죠. 무엇보다 꾸준히 무대에 서지 못했다는 아쉬움이 컸어요. 습관처럼 무대에 서야 코미디 스타일이 유지되거든요. 매일 운동을 해서 근육을 키우는 것과 비슷하다고 할 수 있어요. 제 딴엔 웃긴 농담을 했는데 관객이 웃지 않으면 코미디 근육을 강화하기 위해 더 노력해야 합니다. 그러다 보면 무엇이 웃기는지 몸이 저절로 알게 되죠. 매일 해야 더 잘 웃길 수 있고 며칠만 하지 않아도 웃기기 힘들어져요. 이번에 쇼를 다시 시작하면서 '나 진짜 못 한다'는 생각이 들었어요. 근육이 약해진 거죠. (웃음) 그래서 변화를 시도하고 있습니다.

어떤 변화인가요?

관객이 참여할 수 있는 여러 가지 게임을 쇼 안에 넣어봤어요. 평소 아시안 여성이자 아이 엄마라는 저의 정체성을 반영한 농담을 많이 하는데, 젊은 백인 남성 관객에게 그 농담을 읽어달라고 요청하는 식이죠. 저와는 전혀 다른 정체성을 가진 관객이 "나는 한국인입니다"라고 말하는 모습을 상상해보세요. 이렇게 정체성을 비트는 농담에는 사람들이 많이 웃어주거든요. 팟캐스트 〈필링 아시안(Feeling Asian)〉[2]의

공동 진행자 코미디언 브라이언 박
(Brian Park)[3]과 하는
라이브쇼에서는 한국
예능 프로그램을 참고한
코미디를 시도하고
있습니다. 일종의 게임
쇼인데 스탠드업보다
느슨한 스타일에 가깝죠.
라이브쇼를 거듭하면서
관객이 참여할수록
반응이 좋다는 사실을
깨달았어요. 저도 그쪽이
훨씬 재미있어서 관객과
함께하는 게임쇼를
계속해나갈 생각이고요.

미국의 스탠드업 코미디와는 전혀
다른 방향인 것 같네요.

웃음의 종류가 다르다고
할까요? 스탠드업
코미디쇼를 하면 그냥
"하하하" 하고 웃는데,

2   스탠드업 코미디언인
브라이언 박과 영미 메이어가
진행하는 주간 팟캐스트. 아시아계
미국인의 목소리를 확대하겠다는
목표로 2019년 9월 뉴욕의 오픈
마이크에서 만난 두 사람이
시작했다. 스테퍼니 수(Stephanie
Hsu), 보언 양(Bowen Yang), 예지
(Yaeji) 등 다양한 분야의 게스트를
초대해 아시아계 미국인들이
일상적으로 직면하는 차별과 사회
이슈를 솔직하고 유머러스하게
풀어내고 있다. 당사자의
목소리로 전하는 차별 콘텐츠라는
특이성으로, CNN, 애플(Apple),
스포티파이(Spotify) 등에서 2021
년 주목할 팟캐스트로 꼽혔다.
매주 수요일 약 1시간 분량의 새
에피소드가 업데이트된다.

3   한국계 미국인
코미디언이자 배우. 텍사스에서
태어나 UCLA 의대를 졸업
후, 뉴욕을 기반으로 스탠드업
코미디언으로서 활동을 시작했다.
스탠드업 코미디, 팟캐스트, 기고,
영상 제작 등 매체를 가리지
않고 창작 활동을 이어가고
있다. 아시아계 미국인으로서의
정체성이나 인종차별 등 문화적
차이에서 오는 고정관념에 관한
이야기를 다룬다.

감정을 솔직하게 드러내세요

게임쇼에서는 폭소가 터집니다. 두 달 전쯤 저패니즈 브렉퍼스트(Japanese Breakfast)[4]의 보컬인 미셸 자우너(Michelle Zauner)[5]를 설날 특집 라이브쇼에 초청했어요. 설날이어서 한복을 입고 무대에 섰고, 세배를 해야겠는데 어른이 없으니까 여기서 가장 유명한 사람인 미셸에게 절을 하겠다고 했죠. 림보 바(limbo bar)를 설치하고 그 높이에 맞춰 세배를 하거나 머리에 책을 얹는 등 여러 장애물을 설치해 세배를 시도하는 상황을 만들었어요. 정말 웃겼고 반응도 좋았죠.

한복과 세배처럼 한국 문화가 가미된 요소를 게임쇼에 넣었다는 게 신선합니다. 코미디 형태를 조금씩 바꿔가며 시도해왔다는 점도 인상적이고요. 코미디언의 꿈은 어떻게 갖게 되었나요?

하고 싶은 이야기를 즐겁게

4 미셸 자우너를 주축으로 몽환적인 슈게이징 스타일 음악을 하는 인디팝 밴드. 2016년과 2017년 각각 첫 번째 정규 음반 'Psychopomp'와 두 번째 정규 음반 'Soft Sounds from Another Planet'을 발매했다. 자우너는 개인적 비애와 치유 과정을 담은 데뷔작으로 평단의 호평과 대중의 주목을 동시에 획득했다. 그래미상 후보에도 두 차례 올랐다.

5 1989년생. 저패니즈 브렉퍼스트의 보컬, 기타리스트, 작가. 한국인 어머니와 유대계 미국인 아버지 사이에서 태어났다. 10대 시절에는 '포스트 포스트(Post Post)'라는 인디팝 밴드로, 2013년부터는 '저패니즈 브렉퍼스트'라는 이름으로 활동을 시작했다. 2021년에 출간한 회고록 《H마트에서 울다(Crying in H Mart)》는 《뉴욕타임스》에서 29주 이상 베스트셀러에 올랐다.

말해보고 싶어서 코미디언을 꿈꾸기 시작했어요.
내 이야기를 듣는 사람들과 코미디를 통해 연결되고자
했고, 무엇보다 유쾌하게 네트워킹을 하고 싶은 마음이
컸어요. '내 이야기를 하고 싶다'는 오랜 바람 위에
'사람들에게 무언가 나눠주고 싶은 마음'이 더해졌다고 할
수 있겠네요.

오랫동안 가지고 있던 꿈처럼 들리네요. 그런데 삼십 대 중반이
지나서야 본격적으로 그 꿈에 도전했어요.

솔직히 어렸을 때부터 문제가 많은 아이었어요. (웃음)
내가 원하던 것을 가져도 수줍어했을 정도로 자존감도
낮았죠. 특별한 사람이 아니니까 감히 코미디를 할 수
없을 거라고 짐작했어요. 코미디언이 되고 싶다고 말하면
모두 비웃을 것만 같았거든요. 학교에서는 웃기기로
유명한 아이(class clown)였고 사람들에게 웃음을 주는
게 좋았음에도 불구하고요. 지금은 이혼했지만 결혼 이후
남편은 쉐프로 성공했고, 저는 그를 돕는데 에너지를
모두 쏟아부었죠. 식당 일을 도울 때도 사람들은 제가
이야기할 때마다 웃긴다며 좋아했어요. 하지만 전 행복과
멀어졌고 결국 우울증에 걸렸습니다. 아이를 위해 우울증
치료를 받으면서 원하는 인생을 살지 못하도록 내가 나를
막고 있었다는 사실을 깨달았어요. 코미디언을 혼자만의

비밀스러운 꿈으로 간직한 채 성격을 드러내지 않고
살았으니까요.

늦게라도 꿈에 도전하기 위해서는 용기가 필요했을 것 같아요.
코미디언이 되겠다고 결심한 후 업계에 진입하기까지 어떤
과정을 거쳤나요?

뉴욕에는 아마추어 스탠드업 코미디언을 위해
'오픈 마이크(open mic)'[6] 무대를 제공하는 장소가
있어요. 코미디 클럽에서 8시부터 쇼가 시작된다고
하면 4-5시부터 오픈 마이크 무대를 하죠. 아마추어
코미디언들이 모여서 연습하는 자리라 관객 없이
참여자들만 서로의 코미디를 보는데, 코미디언이 되기로
결심한 뒤에는 매일 서너 번씩 오픈 마이크만 했어요.
몇 달이 지나 가능성이 보이니까 클럽 매니저가 섭외
(booking)를 해서 쇼를 잡을 수 있었는데, 쇼에 오르기
전에도 시간만 나면 오픈 마이크를 하며 계속 연습했죠.

가능성이 보여야 기회가 주어지는
시스템이군요. 오픈 마이크를 하는
시간이 길어지는 사람들도 있겠어요.

보통 오픈 마이크를 하면서

6   스탠드업이라는
코미디 형식의 뿌리이자 스탠드업
코미디를 시작하기 위한 관문.
실험적 성격이 짙은 오픈 마이크
특성상 커리어를 증명하지 않고도
차별이나 제한 없이 누구나 무대에
오를 수 있다.

업계 사람들의 얼굴을 익혀요. 몇 년 동안 오픈 마이크를
했는데도 웃기지 못하면 커리어를 시작할 수 없죠.
게다가 여성이 돌아다니기 위험한 늦은 밤에 클럽 무대가
열리기 때문인지 스탠드업 코미디에선 남성 코미디언의
비율이 훨씬 높습니다.

스탠드업 코미디를 할 때 가장 중요하게 생각하는 점은
무엇인가요?

대부분의 사람들은 스탠드업 코미디를 생각할 때
'즉흥'이라는 단어를 먼저 떠올려요. 마치 술을 마시고
무대 위에 올라 웃기는 이야기를 마구 쏟아내는
장면처럼 말이죠. 실상은 달라요. 같은 대본을 1년 이상
연습합니다. 1분짜리 스탠드업 조크를 완성하는 데 1년이
걸려요. 5분을 위해 5년을 투자하죠. 코미디언이 매우
친근하게 이야기하는 것처럼 보이지만 모든 것을 외우고
퍼포먼스를 쏟아내는 거예요. 그만큼 치열한 연습이
필요합니다.

나우 디스(NowThis), '틱톡에서 한국계
미국인의 문화를 표현하는 코미디언
(Comedian Highlights Her Korean
American Culture in TikTok)'
(‹NowThis News›, 2022.1.13)

스테레오타입을 전복하는 농담을 정말 좋아합니다. 가난하고
멍청한 아시안으로 존재하면서 '아시안은 부유하고 영리하다'는
스테레오타입과 싸우고 있죠. 백인이 섹스하고 싶은 여자라고
아시안 여성을 지칭하는 건 칭찬을 가장한 스테레오타입입니다.
성적 대상화이자 해로운 인식인데 칭찬인양 세뇌가 되었어요.
아시안 여성에게는 섹시하거나, 하버드 모범생이거나,
샌타모니카에 사는 성형외과 의사의 아내가 되는 것 외에도 아주
많은 선택지가 있다고 말하고 싶어요. 엉망이 되든 실패를 하든
괜찮다고 생각할 수 있다는 것, 그게 여성이 힘을 가지는 길입니다.

때로는 전략을 세우지 않는 게 힘이다

코미디언의 캐릭터는 고유의 코미디 스타일이 정립되면서 차츰 만들어진다는 생각이 들어요. 자신의 코미디 스타일을 한마디로 설명한다면 어떻게 답할 건가요?

터부시되거나 불편한 주제에 대해 말하는 '다크 코미디 (dark comedy)'요. 이 범주에 저를 넣는 게 맞을지 잘 모르겠을 때도 있지만요. 스탠드업 무대에서는 성인용 농담을 주로 했어요. 다양한 층이 콘텐츠를 보는 틱톡에서는 풍자(satire) 코미디를 하고요. 다른 사람의 틱톡 영상을 보면서 배운 틱톡 랭귀지를 활용하는 스타일이죠. 무대에서의 모습과 틱톡 영상에서 보여주는 모습이 달라서 틱톡으로 저를 알게 된 사람들은 스탠드업 무대를 보고 놀라는 경우가 많습니다.

틱톡뿐 아니라 팟캐스트에서도 활발한 활동을 펼치고 있어요.
다른 점이라면, 스탠드업 무대나 틱톡에서는 혼자 코미디를
했지만 팟캐스트에서는 브라이언 박과 팀으로 움직인다는
점이겠죠.

팀으로 일하는 경험은 처음이었어요. 시작하기 전에는
잘 몰랐는데, 팀이 있다는 사실이 갈수록 좋아지더군요.
〈필링 아시안〉은 브라이언의 아이디어에서 출발한
팟캐스트입니다. 미국에선 아시안이 조용하고
표현을 잘 안 하며 차갑다는 이미지를 갖고 있는데,
저희는 그 인식을 깨보고 싶었죠. 그렇게 하는 게
다른 아시안들에게도 도움이 될 것 같았고요. 팬데믹
이전부터 스테레오타입(stereotype)[7]에 맞서고 싶어
하는 아시안이 많았는데, 그 수요를 잘 반영했다고
생각해요.

팟캐스트에서는 기존에 유지하던 코미디 스타일을 어떻게
변주했나요?

팟캐스트라고 해서 크게
다르진 않아요.

[7]　　　인종, 성별, 직업 등
어떤 사회적 카테고리에 속한
사람들에 대해 갖고 있는 일반화된
신념. 문맥에 따라 편견 내지
선입견으로 풀이된다.

저는 사람들이 꺼내기 힘들어하거나 부끄러워하는
내용을 코미디로 승화하는데, 그럴 때마다 카타르시스를
느껴요. 굉장히 슬프거나 창피한 일도 혼자 숨어서
삭히는 것보단 친구들과 만나서 이러쿵저러쿵 떠들며
연결되는 느낌이 드는 걸 선호하죠.

팟캐스트, 틱톡, 인스타그램, 트위터에서 각각 다른 콘텐츠를
선보이는데, 플랫폼마다 그에 맞는 전략을 세우고 접근하는
편인가요?

전략을 세우지 않는 게 제 힘이에요. (웃음) 틱톡만
해도 그래요. 코로나19 때문에 무대에서 설 수 없어서
시작했으니까요. 물론 틱톡은 새로운 플랫폼이라
처음부터 잘하는 사람이 드물었고, 저 역시 미숙했지만
꾸준히 시도하며 방법을 배워나갔어요. 사실 코미디언
친구들도 전략을 물어보는데, 저는 아이디어가
떠오르면 바로 그 순간 영상을 만들어 포스팅으로 올릴
뿐이에요. 오래 생각할수록 겁이 많아져서 아이디어가
변질되거든요. 소셜 미디어 콘텐츠는 시간과 공을 들여
만드는 것보다 꾸준한 포스팅이 중요합니다. 틱톡을
계속하다 보니 반응이 좋거나 없는 것의 차이를 나도
모르게 배우게 되더군요. 이제는 터지는 콘텐츠와 그렇지
않은 콘텐츠를 어느 정도 미리 알 수 있죠.

넷플릭스 드라마 〈오징어 게임(Squid Game)〉 영어 자막에
분노하는 틱톡 영상[8]이 엄청난 인기를 끌었던 걸로 기억해요.
영상을 제작할 때 이 정도로 바이럴될 거라고 예상했나요?

> 사람들이 좋아할 거라고 확신하며 포스팅했어요. 반응을
> 예상하고 만들었다는 점에서 좀 약지 않았나 하는 생각이
> 듭니다. (웃음)

직감적으로 느낌이 오거나 터질 거라는 예상이 딱 맞을 땐 무척
짜릿할 것 같아요. 한편으론 스탠드업 코미디를 할 때의 모습과
달라서 고민스럽진 않을까 싶은데요.

> 영상 콘텐츠로 저를 보는 사람들은 코미디언으로서
> 영미 메이어를 좋아하는 게 아니에요. 단지 제가 올리는
> 포스팅에 등장하는 퍼스널리티를 좋아하는 거죠. 그 두
> 가지는 확연히 구분됩니다.
> 코미디가 아닌 이상한
> 잔소리를 늘어놓아도
> 좋아하는 층이 있어요.
> 소셜 미디어에서는 정해진
> 성공 공식이 없다 보니
> 오히려 소재 선택에 더
> 자유로운 면도 있고요.

8   코미디언 영미
메이어가 넷플릭스 오리지널
〈오징어 게임〉의 자막이 일부
오역되어 영어권 시청자들에게
감독의 의도가 제대로 전달되지
못했다고 주장한 영상. 그는
"한국어를 이해하지 못한다면,
당신은 다른 드라마를 보고 있는
것"이라며 틱톡 영상에서 몇 가지
오역 사례를 제시했고, 이 영상은
9백만 이상의 조회 수를 기록했다.

저는 주로 한국 문화에 대한 영상을 만드는데, 얼마 전에는 '태몽'에 대한 콘텐츠를 올렸어요. 미국 사람들은 처음 들어보는 내용이라 신기하다는 반응이 많았죠.

무대에서도 사람들의 표정을 보며 반응을 가늠하겠지만, 아무래도 영상 콘텐츠는 피드백이 더 빠르고 직접적이잖아요. 이런 부분 때문에 힘들진 않았나요?

처음으로 틱톡 영상이 입소문 났을 땐 생각보다 훨씬 힘들었어요. 스탠드업 무대에서 욕을 먹으면 관객과 얼굴을 마주하고 싸울 수 있지만 인터넷은 실체가 없잖아요. 예전에는 상처도 많이 받았는데 지금은 아무렇지 않게 받아들여요. 오히려 더 빠르게 뻔뻔해지니 없던 힘도 생겼고요. 코미디 기술 중에 '공간을 이끌라 (Lead the room)'는 것이 있어요. 스탠드업 코미디를 오래 하면 익히는 기술인데, 말을 하자마자 관객들이 무슨 생각을 할지 알아채는 거예요. 한국말로 하면 눈치가 빠른 거죠. 사람들 앞에서 스탠드업 코미디를 하다 보면 눈치가 빨라져요. 마찬가지로 인터넷 콘텐츠를 통해 흘러나오는 갖은 반응들을 여과 없이 접하게 되면 어떤 말을 할 때 사람들의 예상 반응을 더 빨리 배우죠.

혹시 눈치를 너무 많이 보게 되는 경우는 없었나요?

감정을 솔직하게 드러내세요

감각이 발달하는 것과 별개로 움츠러들 수도 있잖아요.

다수의 호응을 얻지 못하더라도 밀고 나갈 수 있는 신념은 있어야 해요. 예를 들어 인스타그램에서 선호도가 높은 콘텐츠인 강아지 사진을 올리면 당연히 많은 '좋아요(like)'를 얻을 수 있겠죠. 하지만 사람들이 좋아한다고 해서 그것만 만들 수는 없습니다. 저는 스탠드업 무대에서 이런 부분을 배웠기 때문에 어렸을 때부터 무대에 서지 않은 채 유튜브로 코미디를 해온 크리에이터를 보면 우려가 될 때도 있어요. 사람들의 반응에 극도로 예민해지고 눈치를 많이 보는 일이 거듭되면 자신을 잃게 되진 않을까 하고요.

무대든 인터넷이든 진실된 감정을 전달해야 한다

저희가 거리를 걸으면서 이야기를 나누는 동안 몇몇 사람이 당신을 알아보고 인사를 건넸어요. 일상적인 일인가요?

1년 전쯤, 미국 공중파 TV의 인기 많은 아침 방송 ABC NEWS LIVE[9]에도 출연했지만 저를 알아보는 사람은 없었어요. (웃음) 그런데 틱톡에서 인기를 얻으니 그제야 사람들이 조금씩 알아보더군요. 그때 TV쇼보다 틱톡과 인스타그램이 더 대중적인 힘을 가졌다는 걸 체감했습니다.

9   미국의 4대 방송국 중 하나인 ABC News에서 2018년부터 운영하는 24시간 스트리밍 비디오 뉴스 채널. 세계 뉴스 속보, 독점 인터뷰, 다큐멘터리와 엔터테인먼트 등 다양한 뉴스와 볼거리를 제공한다.

틱톡을 시작할 때만 해도 이 정도 인기를 예상하지 못했을 것 같은데요.

처음엔 그랬죠. 2021년 1월에 아들과 함께 코로나 19에 감염되었어요. 집에 갇혀서 일도 못 하고 심하게 앓기만 했으니까요. 그러다 컨디션이 조금씩 돌아왔는데 그렇다고 바로 활동할 수는 없으니 매일 틱톡 영상을 하나씩 만들어 올리기로 결심했어요. 초반에는 백인들이 아시아 식당에서 흔히 하는 무례한 말을 거꾸로 아시안이 백인들이 주로 찾는 식당에 가서 하는 식의 영상을 올렸는데, 꽤 인기를 모았습니다. 아시안이 백인이 많은 식당에 들어가 "와, 여기 백인들 정말 많다!" 이러면서 놀라는 영상이 대표적이었죠. 이후 거리에서 사람들이 저를 알아보기 시작했던 걸로 기억해요.

틱톡과 같은 소셜 미디어가 코미디언에게 새로운 활동 모델을 만들어줬다고 생각하나요?

팬데믹이 오기 전 2년간 매일 스탠드업 코미디쇼를 했어요. 엄청나게 연습했고 많은 사람을 만났지만 무언가 이룬 게 없다는 느낌을 지우긴 어려웠죠. 코미디 업계에서 2년이 그리 긴 시간은 아니지만 돌아오는 게 하나도 없으니 힘겨웠던 건 사실이에요. 저는 서른셋이라는 늦은 나이에 코미디를 시작했고, 앞으로 10년간 코미디를 한다 해도 아무것도 얻지 못할 수 있다는 두려움이 컸어요. 그런데 틱톡 영상 몇 개로 인기를 얻으니 그때부터 돈을 벌 수 있는 일이 들어오고 다른 콘텐츠도 만들 수 있게 되었어요. 스탠드업 코미디는 클럽에서 한 달에 열 번씩 묶어서 쇼를 세팅하고, 쇼당 20달러에서 40달러의 공연료를 줘요. 이동하면서 탄 택시비보다 못 벌 때가 많은 거죠. (웃음)

스탠드업 코미디언은 언제부터 생계유지가 될 정도의 돈을 벌 수 있나요?

TV쇼 작가가 되거나 유명해지면 어느 정도 돈을 벌 수 있습니다. 다만, 스탠드업 코미디언이 스타가 될 확률은 굉장히 낮죠. 사실 생계를 고려하면 스탠드업 무대에 계속 올라야 할지 고민스럽기도 해요. 모두 이런 말을 피하지만 어쩌면 스탠드업의 시대는 지나간 건지도 몰라요. 1980년대에는 5분짜리 농담을 5년 동안 완성하는 게 괜찮았을지 모르지만, 지금처럼 모든 게 빨리 변하는 시대에 5년 걸려 농담을 만들면 시기에 맞지 않는 농담이 되니까요. 게다가 30분 동안 가만히 앉아서 같은 화면을 보기 힘들어진 시대이기도 하죠. 스탠드업이라는 형식이 현세대와 잘 맞지 않는다고 생각해요.

그렇다면 당신은 시대에 잘 적응하고 있는 셈이네요.

제가 뚜렷한 의지를 갖고 대응했다기보단 상황에 맞춰 적응한 쪽에 가깝죠. 팬데믹 전에는 학교에 아이를 보낸 후 두세 개의 스탠드업 코미디쇼를 준비하기도 바빠서 다른 생각은 해볼 여유도 없었어요. 주변 코미디언 친구들은 밤에는 네다섯 개 쇼를 하고 낮에는 사무실에서 TV쇼 대본을 쓰기도 해요. 저도 그렇게 살아갈 수 있었을 텐데 코로나19를 겪고 나니 그게 최선인가 싶더군요. 좀 더 현실에 반응하며 살고 싶다는 생각도 들었고요. 유행을 좇겠다거나 새로운 시대의 코미디언이 되겠다는 게 아니에요. 스탠드업 코미디라는 틀 안에서 제게 맞지 않던 부분을 해결할 다른 방법을 찾았다는 이야기입니다. 제가 구사하는 코미디 스타일이 기존 코미디와 맞지 않아서 매니저도 저를 소개할 때 힘들어하거든요. (웃음) 처음 보는 스타일이니까 신선하다거나 좋다는 말을 듣기는 하죠. 문제는 어디에도 없는 스타일이라 제가 스스로 길을 만들어 나가야 한다는 겁니다.

팟캐스트 ⟨필링 아시안(Feeling Asian)⟩
103화 '때론 형편없고 때론 천재야
(Sometimes You Suck and Other
Times You're A Genius)' 에피소드 중
(2021.9.22)

제게 있어 완벽주의를 넘어선다는 말은 '내가 하는 건 다
엉망이어서 아무에게도 보여주고 싶지 않다'는 마음의 장애물과
끊임없이 싸우는 것을 의미합니다. 결과물이 완벽하지 않아서
남들에게 보여줄 수 없는 게 아니에요. 제가 올리는 틱톡 영상이
시시하게 느껴지거나, 심지어 루저처럼 보일지 몰라요. 하지만
신경 쓰지 않고 포스팅을 올립니다. 제 아버지는 평생 작가가 되고
싶어 하셨는데 초고부터 완벽하게 쓸 수 없어 작업을 중단했고
70세가 되도록 소설을 쓰지 못 하셨어요. 창작할 때 머릿속에서
어떤 목소리는 '시시하다'라고 외치는데 다른 목소리는 '천재'라고
말하죠. 그 사이에서 균형을 맞춰야 하는데 아버지는 그러지
못하셨어요. 저는 반(anti) 완벽주의자예요. 완벽주의자가 되어서
70세까지 원하는 것을 못 하며 살 수는 없어요.

디지털 콘텐츠 제작자와 스탠드업 코미디언이라는 두 가지
입장이 부딪힐 때는 없나요?

저는 스탠드업 무대에서보다 디지털 콘텐츠로
사람들을 웃기는 데 성공한 적이 많아요.
코미디언으로서 아주 기분 좋은 일은 아니에요.
콘텐츠로 웃기는 류의 코미디를 더 높이 평가하는
분위기는 아니니까요. 하지만 제가 가장 중요하게
생각하는 건 '내가 원하는 말을 할 수 있는가'입니다.
그렇기에 코미디 트렌드가 바뀐다면 제게는 더
좋은 영향을 줄 거라고 봐요. 원하는 말을 원하는
시간에 원하는 방식으로 할 수 있으니까요. 그렇다고
코미디언으로서 저평가되지 않을까 하는 의문이
말끔하게 해소되진 않겠지만요.

아까 스탠드업 무대와 영상 콘텐츠는 각기 다른 '퍼스널리티'가
드러나기에 확연히 구분된다는 이야기를 했어요. 둘은 목적도
반응도 달라서 아예 별개의 영역처럼 느껴지는데, 그럼에도
동일하게 적용되는 부분도 있나요?

팬데믹 이전에 1년간 연기 수업을 들었어요. 특히 제가
느끼는 감정을 상대에게 곧바로 전달하는 기술을
연마하는 데 집중했죠. 감정을 진실되게 보여줘야

관객이 반응합니다. 화가 났던 이야기를 하는 순간에는 정말로 화가 나야 해요. 인간은 거짓말을 구분하는 감각이 뛰어나요. 내가 화났던 이야기를 들려주면서 그 화를 전달하지 못하면 거짓말이라 여겨 귀 기울이지 않죠. 감정을 진실되게 전달하는 방법은 틱톡에서 콘텐츠를 만들 때도 큰 도움을 줬습니다. ⟨오징어 게임⟩ 영상이 뜨거운 반응을 얻을 수 있었던 이유도 진심으로 열 받은 모습을 보여줬기 때문이라고 생각해요. 무대든 인터넷이든 사람들은 진심을 느끼는 순간을 좋아하거든요.

당신의 코미디에서 감정은 굉장히 중요한 요소인 듯합니다.

사람들이 자신이 느끼는 감정에 솔직해졌으면 해요. 그러면 더 나은 세상이 될 거라고 믿고요. 드러내지 못하면 거짓말을 하게 되거든요. 저는 솔직한 감정을 드러내지 못하게 하거나 창피해하게 만드는 관념과 계속 싸워왔어요. 어렸을 땐 울음을 터뜨리면 놀림을 받거나 사람들이 나를 얕잡아 본다고 배웠어요. 여자가 화를 내면 더 예민하게 바라보거나 싫어하는 남자들도 있었죠. 이런 부분을 그냥 넘기지 않으면서 싸워온 경험이 힘이 되었어요. 제가 느끼는 걸 남에게 솔직히 보여주는 일이 더는 창피하지 않습니다.

그렇게 강해진 특별한 계기가 있나요?

여전히 부끄럽고 두려워요. 그래도 매일 싸우고 있죠. 팟캐스트를 하다가 사람들 앞에서 울어서 부끄러워지는 순간도 있어요. 그럴 땐 청취자들이 "그렇게 솔직하게 표현해줘서 고맙다"라고 말해줘요. 비슷한 감정을 갖고 있지만 드러내지 못했는데 제가 대신 표현해줬다며 고마워하죠. 정말 힘들면 '나 혼자만 이런 느낌인가?' 싶어 외로워지잖아요. 이럴 때 함께 공감하며 감정적으로 연결될 수 있다는 사실이 제게는 무척 중요합니다.

양육과 코미디쇼를 병행하는 일상이 쉽지는 않을 텐데요.
계획적으로 시간을 쓰는 편인가요?

어떤 사람은 일정을 세워서 하루에 여러 개의 쇼를
하지만 저는 그렇게 계획적으로 사는 사람은 아니에요.
전업 코미디언이 되기 전에는 전남편과 식당업에
종사했어요. 저녁과 주말에 일하고 평일 낮에는 쉬었죠.
코미디언이 되고 나서도 크게 다르진 않습니다. 식당
운영과 코미디언 모두 9시에 출근해서 5시에 퇴근하는
직업은 아니니까요. 현재 팟캐스트를 공동 진행하는
브라이언은 저와 정반대 타입이에요. 일정에 따라
정확하게 움직이고 이메일도 바로 답변하는 스타일이죠.

초기에는 라이프스타일이 달라 부딪혔는데, 각자 못하는 지점을 보완해주는 관계이기에 서로 도울 수 있다는 걸 알게 되면서 오히려 사이가 좋아졌어요.

아이를 키우는 엄마라는 정체성이 코미디를 할 때는 어떤 영향을 주나요?

엄마라는 정체성은 중요하지만 제가 그 요소를 활용해서 농담을 하는 것엔 한계가 있어요. 코미디 클럽을 찾는 부부 관객들을 앉혀 놓고 이혼 농담을 하면 분위기가 불편해지지 않겠어요? 이혼한 엄마가 야한 농담을 하는 것도 불편해하는데요. (웃음)

그렇다면 좋은 농담이란 무엇일까요?

누구에게나 주관적인 기준이 있겠지만, 제가 좋아하는 농담은 말이 안 되는 것 같은데 굉장히 웃긴 농담이에요. 왜 웃긴 줄 모르겠는데 웃기는 그런 농담이요. 얼마 전에 유명 TV 코미디쇼였던 〈키 & 필(Key & Peele)〉[10] 시리즈의 오래된 에피소드를 봤는데 여전히 웃기다고 생각했어요. 굉장히 똑똑한 대본이구나 싶었고, 제가 하는 것과 비슷한 류의 농담이 많은 걸 보고 예전에도 이런 유머가 통했구나 하며 신기해했죠.

코미디언은 타인에게 늘 웃음을 주는 사람이잖아요. 당신을 가장 웃게 만드는 존재는 누구인가요?

| 내 아들 민오(Mino)죠. 정말 재미있는 아이랍니다.

코미디언으로 활동하면서 얻는 성공이나 성취는 어떤 순간에 찾아온다고 생각하나요?

| 언제든 원하는 말을 할 수 있고 사람들이 그 말에 웃어준다면 그 순간 성공이 찾아온 것 아닐까요? 코미디언으로서 원하는 만큼 돈을 벌 수 없으니 실패라고 본다면 그건 잘못된 생각인 듯해요. 내가 하는 이야기에 사람들이 웃어주는 것이 제 오랜 꿈이었으니 그 관점에서는 성취를 한 거죠. 물론 써놓은 TV쇼 대본도 있긴 해요. 이것으로 TV쇼를 만들어도 좋겠지만 어떻게 될지 모르겠고 그 길이

10   키건마이클 키 (Keegan-Michael Key)와 조던 필(Jordan Peele)이 만든 TV 코미디 시리즈. 인종 스테레오타입이나 사회문제를 짚는 풍자 코미디극으로, 2012년부터 2015년까지 방송되었고 버라이어티 스케치 코미디 시리즈 작품상 등 두 개의 에미상을 수상했다. 코미디 프로그램을 방영하는 미국의 방송국인 코미디 센트럴(Comedy Central)이 유튜브 채널을 통해 지난 에피소드를 공개하고 있다. 이 시리즈로 미국 내에서 명성을 쌓은 조던 필은 <겟 아웃(Get Out)>, <어스(Us)>를 연출하며 영화감독으로서도 성공적으로 안착했다.

팟캐스트 ‹스토리텔링의 메커니즘(The
Mechanics of Storytelling)› 시즌 2 6화
'호스트이자 프로듀서 에즈라 저스틴 리
(Ezra Justin Lee)와 영미 메이어의
농담하기(그리고 감정적인 치유)'
에피소드 중 (2020.4.20)

이전에는 말하면 안 된다고 생각했던 내 과거사를 지금은 코미디언이라는 직업을 가지고 무대에서 이야기하고 있죠. 그 자체가 매우 상징적인 일이고 제게 영향을 줍니다. 사는 동안 허용되지 않았던 일을 하게 되었으므로 매우 치유가 되는 일이죠.

제가 만약 화가가 되었다면 그림으로 열심히 표현했을 겁니다. 지금은 코미디언이기 때문에 내 이야기의 표현 수단이 그림이 아닌 말하기가 된 것이죠.

맞는지도 모르겠어요. 지금은 팟캐스트 작업을 좋아하기 때문에 제가 하는 팟캐스트가 잘되기를 바랍니다.

실패에 대한 생각도 듣고 싶어요. 실패를 극복하는 자신만의 방법이 있는지도요.

항상 실패하는 기분이 들지만, (웃음) 억지로라도 잘하고 있다고 생각합니다. 실패하고 있는데 어떻게 나아갈 수 있냐고요? 저는 스스로를 위한 인생을 살아야겠다고 결심했기 때문에 용기를 내 코미디언이 되었어요. 돌아갈 곳이 없죠. 제겐 앞으로 나아가는 선택지밖에 없어요. 이전 인생으로는 절대 돌아갈 수 없습니다. 코미디를 하기 위해 잠깐 다른 일을 하면서 돈을 벌 수는 있겠죠. 하지만 코미디를 포기할 수는 없어요. 제게 코미디는 선택이 아닙니다.

코미디를 하면서 세운 원칙이 있나요?

'페르소나를 만들기보다는 나를 진심으로 보여주자'는 것. 무대 위에서 이렇게 자기 자신을 드러내는 코미디언은 드물어요. 어쩔 수 없는 제 성격이긴 하지만요. 코미디는 재능이 필요하고 힘든 일이에요. 그렇기에 사람들이 제 진심과 본연의 제 모습을 보고 좋아해주길 바라요.

> 진심을 전달하기란 굉장히 어렵지만 이걸 놓쳐서는 안
> 된다고 생각합니다.

무대에서 자기 자신을 가감 없이 드러내는 건 무척이나 용감한
일이라고 봅니다.

> 그런가요? 솔직히 저는 용감하다고 생각해본 적은
> 없어요. 선택의 여지가 없었을 뿐이죠. 그건 앞으로도
> 마찬가지일 것 같네요. 코미디를 절대 포기하지 않을
> 겁니다.

영미 메이어는 사이판에서 태어나 사이판과 한국을 오가며
성장했다. 2010년 중반부터 엄청난 인기를 누렸던 뉴욕 레스토랑
'미션 차이니즈(Mission Chinese)'의 공동 운영자로 뉴욕
요식업계의 셀러브리티가 되었으나, 2020년 식당을 그만둔 뒤
온전히 코미디에 전념하고 있다.
—

현재는 뉴욕에서 스탠드업 코미디를 하고 있으며, 2019년 9월
시작한 팟캐스트 ‹필링 아시안›과 2022년 3월 시작한 ‹헤어리
버트홀(Hairy Butthole)›의 진행자로 활약 중이다.
—

‹필링 아시안› 공동 호스트인 브라이언 박과 함께 동명의 라이브
코미디쇼 무대를 진행하는 것 외에도 정기적으로 스탠드업
코미디쇼에 출연하고 있으며, '아시안 코미디 축제(Asian
Comedy Fest)'나 '크레이지 워크 아시안스(Crazy Woke
Asians)' 등의 코미디 행사에 인기 게스트로 초청되기도 한다.
—

2022년 5월에는 필라델피아의 아시안 아트 이니셔티브(Asian
Arts Initiative) 주최로 'Mothers I'd Like to Laugh with
Fundraiser'라는 제목의 개인 코미디쇼를 기획해 아시안
아메리칸, 혼혈 인종, 성적 욕망, 싱글 맘, 결혼과 이혼에 관한
사회적 고정 관념을 신랄하게 비평하는 코미디를 선보였다.
—

Instagram @ymmayer
Twitter @ymmayer
TikTok @youngmimayer

영미 메이어
Youngmi Mayer

"

코미디는 힘든 삶을 극복하기 위한 생존술이에요.
언제나 나쁜 일이 닥치면 웃음이 먼저 나왔어요. 제일
슬픈 순간에 웃으려고 했죠. 코미디언 중에는 힘겨운
어린 시절을 보내면서 살아남기 위해 웃는 법을 배운
사람이 많아요. 저도 힘들었던 경험을 통해 코미디가
무엇인지 배운 것 같아요. 나쁜 일이 생기면 둘 중에
하나를 선택해야 했거든요. 죽거나 웃어버리거나.

"

Shortbox   숏박스

Seoul

2021년 10월, 코미디언 김원훈과 조진세가 시작한 유튜브 :
류하면서 현재의 삼인조 구성을 갖췄다. 생활 밀착형 공감 개2
을 보였지만, 공채 개그맨으로 커리어를 시작해 유튜브에서 (
다며 쉽게 포기하지 말 것을 당부한다.

코미디 채널 ‹숏박스›는 그해 12월 여성 코미디언 엄지윤이 합

받으며 채널 개설 9개월 만에 200만 구독자를 달성하는 저력

시도를 거쳐온 이들은 하루아침에 ‹숏박스›가 탄생하지 않았

플레이어인 동시에 프로듀서가 되어야 해요

서울시 마포구 서교동 메타코미디 사무실,
2022년 5월 20일 오후 2시

하나하나 배워가며 다시 시작하다

세 분 모두 "개그맨 누구입니다"라고 첫인사를 건넸어요. '개그맨', '코미디언'이라는 직업을 밝혔을 때 사람들의 반응은 대체로 어떤가요?

엄지윤(이하 엄): 평범한 인사보다는 더 재미있는 뭔가가 나오길 바라는 것 같아요. 예를 들면 아이돌 그룹처럼 구호를 맞춰서 단체 인사를 한다든가 하는 식으로요. 저희도 앞으로 고개를 숙이며 인사하는 대신 뒤로 넘겨서 인사했는데, 아무도 못 알아채시더라고요. (웃음) 코미디언이니까 첫인상도 웃겼으면 하나 봐요.

김원훈(이하 김): 전에는 "KBS 공채 개그맨

김원훈입니다"라고 인사하곤 했어요. 코미디언이라는 직업을 갖게 되면서 습관처럼 입에 붙은 인사말이에요. 요즘도 가끔 무의식중에 튀어나올 때가 있어요.

조진세(이하 조): "KBS 공채 31기 개그맨 조진세입니다." 저는 기수까지 말했어요.

유튜브 채널 〈숏박스〉 이전에 KBS 공채 개그맨으로 데뷔했다는 공통점이 있어요. 당시엔 공채 개그맨이 되면 자연스럽게 〈개그콘서트〉에 출연할 기회를 얻었잖아요. 무대에서 비중 있는 역할을 맡기까지 어떤 시간을 보냈나요?

엄: 저는 2018년에 KBS 공채 32기로 데뷔했는데요. 공교롭게도 2020년 6월 〈개그콘서트〉가 폐지되면서 공채 마지막 기수의 가장 나이 어린 '막내' 코미디언이 되었어요. 워낙 신인이기도 했고, 당시에는 공개 코미디 무대에서 빛을 발한 기억이 없어요. 마지막 순간까지 그냥 쭉 버텼던 것 같아요. 무언가를 했다고 말하기 어려울 정도로요.

조: 저 역시 〈개그콘서트〉에서 한 게 없다는 생각이 들어요. 저희가 활동할 당시는 공개 코미디에 대한 인식이 무척 안 좋아졌을 때라 덩달아 시청률도

하향곡선을 그렸거든요. 전성기 시절과 달리 〈개그콘서트〉를 보는 사람이 많지 않았어요.

엄: 사실 신인에게도 기회는 주어져요. 보통 공채로 입사하면 개그 코너 아이디어를 짜고, 무대에 올릴 만한 아이디어인지 '검사'를 받는데요. 신인부터 코너 검사를 받으라고 하니까 오히려 무대에 오를 기회는 더 많았을 거라고 봐요. 하지만 그때의 저는 반쯤 포기한 상태였어요. 남 탓만 했거든요. '사람들은 어차피 공개 코미디 안 봐, 시청률도 안 나와' 이러면서요. 지금 생각하면 후회되죠. 다시 그때로 돌아간다면 밤을 새우더라도 아이디어를 짜면서 마지막을 멋지게 장식하고 싶어요.

조: 타이밍이 좋지 않았다고 생각해요. 코미디언들이 아무리 열심히 해도 시청률이 오르지 않는 상황에서 의욕을 발휘하기가 쉽지 않더라고요.

김: 〈개그콘서트〉 막바지에 접어들면서부터는 무대에 오르는 저희도 힘이 빠진다고 느꼈어요. 끝까지 이를 악물고 열심히 했는데, 그럼에도 돌파구를 만들기는 어려웠죠. 꿈의 무대라고 생각해서 최선을 다했지만 가능성이 보이지 않는 상황도 환경도 원망스럽기만 했던

기억이 나네요.

〈개그콘서트〉 폐지 소식에는 다들 놀랐어요. 1999년부터 2020년까지, 20년이 넘게 수많은 코미디언을 배출한 등용문이었으니까요. 폐지 이후 많은 코미디언이 자기만의 무대를 찾기 위해 유튜브라는 플랫폼으로 눈길을 돌렸습니다. 세 분에게도 유튜브가 1순위였나요?

김: 〈개그콘서트〉가 없어지지 않았다면 어떻게든 그 무대를 이어갔을 거예요. 또 〈개그콘서트〉 폐지 이후 다른 방송사의 코미디 프로그램이 저희를 찾아줬다면 그걸 열심히 했겠죠. 뭐라도 대안이 있었다면 아마 유튜브를 하더라도 소홀히 했을 것 같아요. 그런데 당시에는 길이 하나밖에 없었어요. 심지어 앞으로 어떻게 될지 보이지도 않는 길이요.

조: 저희에게 유튜브는 선택이 아니었어요. 코미디를 선보일 무대가 없어지니까, 방법은 유튜브라는 플랫폼이 유일했죠. 이미 많은 동료가 뛰어들기도 했고, 잘할 수 있을 거란 생각은 그다지 들지 않았어요. 그래도 할 수밖에 없었습니다.

엄: 저희뿐만 아니라 다른 동료들도 같은 상황이었어요.

당장은 유튜브에서 코미디를 하는 것만이 유일한
방법이었으니까요.

〈개그콘서트〉 폐지 이후 유튜브로 상승세를 타기 전까지,
힘들었던 시절 이야기를 하면 아직도 눈물이 난다고요.

김: 지금도 그 이야기만 하면 정말 눈물이 저절로 나와요.
그 시절이 계속 어제오늘처럼 느껴져서인지 마음이
힘든가봐요. 2-3년이라는 시간이 짧다면 짧지만, 꿈과
직업을 모두 잃게 된 상황에서 돌파구를 찾기가 정말
어려웠어요. 함께 유튜브 채널을 운영했던 진세도 저에게
좋은 동료이자 후배인데, 결국 직업인으로서 돈을 벌
수 없으니 다른 일을 모색해야 하는 위기에 놓였거든요.
우리가 정말 사랑했던 코미디를 놓아야 한다는 게
서글펐어요. 그 기간에는 온갖 자격지심과 부정적인
생각이 많아지면서 자존감도 떨어졌죠.

조: "요즘 어때?"라는 안부 인사도 듣기 싫었어요. 친구들
만나는 것도 불편해서 모임도 안 나가고 그랬죠. 그때는
비슷한 고민을 하는 동료들하고만 만나서 하소연과
위안을 주고받았습니다.

엄: 전 명절이 그렇게 싫더라고요. KBS 공채 개그맨이

플레이어인 동시에 프로듀서가 되어야 해요

되었을 때는 집에 자주 갔는데, 활동이 없어지니까 가족과 친척들이 불편해졌어요. 그때 제가 할 수 있는 건 버티는 일뿐이었죠.

유튜브에서 코미디 채널이 포화 상태일 때 뛰어든 셈이에요. 너도나도 유튜브를 할 수밖에 없는 시점에, 어떻게 차별점을 둘지 고민할 수밖에 없었겠어요.

조: 2년 전만 해도 코미디언들이 하는 유튜브 채널에는 '깜짝 카메라' 형식의 콘텐츠가 많았어요. 자극적인 상황을 만들어 동료 코미디언을 속이거나, 카페 같은 장소에서 이상한 설정으로 코미디언들이 대화하는 걸 시민들이 보면서 리액션하는 모습을 담거나 하는 식으로요. 이렇게 누군가를 깜짝 속이는 형식의 콘텐츠는 조회 수가 가장 잘 나오는 소재예요. 유튜브 코미디 생태계에서 살아남으려면 이런 형식을 차용할 수밖에 없었죠. 저희도 전에 하던 채널에서 시도해본 적이 있긴 하지만 갈수록 재미가 없더라고요. 원훈 선배랑 둘이 고민을 거듭하다가, 어느 날 노트에 아무거나 적기 시작했어요. 갑자기 아이디어가 쏟아지더라고요. 바로 다음 날부터 구체화 작업에 들어갔죠.

김: 좋은 퀄리티의 개그 영상을 만드는 것으로 차별화를

하자고 생각했어요. '무조건 좋은 카메라와 마이크
장비를 갖추자'는 마음이 앞섰죠. 그런데 저희가 개그만
할 줄 알았지, 촬영이나 편집을 해봤을 리 없잖아요?
(웃음) 정말 하나하나 공부하고 배워가면서 한 땀 한
땀 시작했어요. 기획하고, 대본 쓰고, 장소 섭외하고,
조명 치고, 촬영과 편집까지 직접 다 했죠. 유튜브에서
코미디 콘텐츠가 워낙 레드오션이다 보니, 잘 될 기미가
안 보였는지 당시에는 선뜻 도와주겠다는 친구들도
없었고요.

엄: 저도 선배들과 똑같은 상황이었어요. 저 역시
개그에 대한 고집이 있어서 '깜짝 카메라' 콘텐츠는
절대 하지 않겠다고 다짐했죠. 순간적으로 조회 수는
오를지 몰라도 제가 추구하는 방식의 코미디가 아니었기
때문이에요. 그래서 다른 소재로 콘텐츠를 만들어봤는데,
정말 충격적이게도 조회 수가 100을 못 넘더라고요.
유튜브에서 코미디 채널을 세 개 정도 열어봤는데 결국
다 반응이 없었어요.

김: 비슷한 시점에 저랑 진세도 고군분투하고 있었죠.
종종 촬영을 하다가 지윤이에게 출연해서 함께
연기해달라고 요청했어요. 두 명이 하는 것보다 지윤이가
있으면 훨씬 더 다양한 콘텐츠를 소화할 수 있겠다는

생각에 합류를 권했고요. 그게 올해 초의 일이었습니다.

공감과 디테일로 승부수를 띄우다

그렇게 절치부심으로 재정비해 만든 유튜브 채널이 〈숏박스〉예요.
무슨 뜻인가요?

김: 짧은 코미디 영상, 스케치 코미디를 박스 안에
담는다는 뜻이에요. 1분에서 10분 정도 길이의 짧은
에피소드를 담은 코미디를 '스케치 코미디'라고 하는데요.
숏폼 코미디 콘텐츠를
다뤄보자는 취지로 만든
채널입니다.

조: 2019년부터 원훈
선배와 〈우낌표〉[1]

> 1   2019년 1월부터
> 코미디언 조진세와 김원훈이 운영한
> 유튜브 채널. 깜짝 카메라나 패러디
> 위주의 콘텐츠를 업로드했다.
> 〈우낌표〉를 운영하며 슬럼프가
> 오던 즈음, 2021년 10월 스케치
> 코미디라는 장르로 오픈한 채널이
> 〈숏박스〉다.

라는 채널을 열어 같이 운영했어요. 〈개그콘서트〉에
출연할 때부터 유튜브를 병행해야겠다는 생각으로
시작했는데, 구독자는 11만 명까지 모았지만 그 이상의
반향을 얻지 못해 고민이 많았죠. 당시 유튜브 코미디
콘텐츠에서 유행하는 건 전부 시도했는데, 그래서인지
채널 정체성이 모호해지기도 했고요. '우리가 가장
잘할 수 있는 게 뭘까' 생각해보다가 공감이 가는
가벼운 상황극을 만들어보자는 취지로 시도한 것이
〈숏박스〉였어요.

올해 1월, 〈숏박스〉에 올린 '장기연애' 시리즈[2]가 말 그대로 대박이
났잖아요. 국내 구독자로만 조회 수 1000만을 훌쩍 넘겼다는 건
정말 엄청난 일이에요.

조: '장기연애'는 오랫동안 연애를 해온 커플의
티키타카를 그린 에피소드인데, 많은 공감을 얻었어요.
'굉장히 편하게 대하지만
또 순간순간 서로를 챙기는
연인의 모습'을 분석하면서
진짜 현실에 있을 법한
이야기라 재미있다는
반응이 댓글로 계속
달렸죠.

2   오래 사귄 연인의
모습을 실감 나게 보여주는 시리즈
영상. 무심한 듯하면서도 누구보다
서로를 잘 아는 장수 커플의
모습을 그렸다. '장기연애' 시리즈
중 '모텔이나 갈까?' 에피소드가
유튜브 알고리즘을 타고 조회 수가
폭발하면서 채널 전체의 인기가
급상승했다.

엄: 선배들과의 단톡방에서 조회 수가 심상치 않다는 말은 들었지만, 이 정도로 폭발적일 줄은 몰랐어요. 무서울 정도로 조회 수가 올라가더라고요. 영상 길이가 짧은데도, 그 안에 숨겨져 있는 디테일을 찾아내면서 보는 구독자가 많아요. 적극적으로 콘텐츠를 즐기는 모습을 보면 정말 감사하죠.

김: '장기연애' 에피소드를 올리고 며칠이 지난 뒤부터 길에서 사람들이 저를 알아보더라고요. 함께 사진 찍자는 말도 여러 번 들었고요. 〈개그콘서트〉 때도 느껴보지 못했던 파급력을 체감했어요.

'장기연애'처럼 어느 날 갑자기 많은 사람의 피드에 영상이 노출되면서 조회 수가 급상승하는 걸 가리켜 '알고리즘의 축복'이라고 하죠. 인기가 가파르게 올라간 만큼, 빠르게 소비될 수 있다는 부담감은 없나요?

조: 영상이 처음 주목받았던 시점부터 최근까지도 '사람들이 이걸 재미있어할까?'라는 걱정과 부담은 계속 있어요. 아무래도 등장하는 인물이 한정되니 회를 거듭할수록 비슷한 패턴으로 비치진 않을까 싶고요.

김: 처음 유튜브에 영상을 올리기로 했을 때, 우리는

플레이어인 동시에 프로듀서가 되어야 해요   **123**

무궁무진한 소재로 오랫동안 꾸준히 코미디 콘텐츠를 만들 수 있을 거라고 생각했어요. 일상에서 아이디어가 끊임없이 나올 것 같았거든요. 그런데 진세 말처럼 같은 사람들과 작업하다 보니 조금씩 비슷해진다는 느낌을 받을 때가 있어서 해답을 찾아야겠더라고요. 주목과 기대를 받을수록 고민도 많아진다는 걸 체감해요.

그럼에도 〈숏박스〉 채널 구독자는 지난 일주일 동안 5만 명이나 늘었어요. 이렇게 엄청난 기세로 채널이 성장하는 이유가 뭐라고 생각하나요?

엄: 사람들이 유튜브 채널을 구독하는 이유가 달라진 것 같아요. 예전에는 내가 재미와 호기심을 느끼는 채널을 구독하는 게 당연했다면, 요즘에는 트렌드에 뒤처지고 싶지 않아서 구독하는 경우가 더 많다고 봐요. 대중 사이에서 화제가 되거나 유행하는 채널을 모르면 대화에 끼기 어렵잖아요. 그래서 〈숏박스〉 채널 구독자가 계속 늘어나고 있는 건 아닐까, 생각해봤어요.

김: 외국인 구독자를 유입하기 위해 영어 자막을 달아 100만 구독자를 훌쩍 넘기는 유튜브 채널도 있어요. 하지만 저희는 국내 구독자 유입이 최우선 목표였기에 영어 자막을 따로 달지 않아요. 현재 〈숏박스〉 구독자

김예은, "트림하다 탄생한 '장기연애',
엄지윤에 고마워" 엑's 인터뷰 1편 중
(엑스포츠뉴스, 2022.2.26)

솔직히 안 나올 뻔한 콘텐츠예요. 아침에 다른 콘텐츠를 찍으려고
만났는데, 카메라가 먹통이 된 거예요. 사무실로 다시 돌아와서
그냥 회의를 하기로 했는데, 상황극처럼 진세가 트림을 진짜
크게 한 거죠. (엄)지윤이가 콩트처럼 '정내미가 떨어진다. 우리
헤어지자'고 말했는데 그게 '장기연애' 편으로 이어졌어요. 그날
아침에 카메라가 잘 되었으면 안 나왔을 거예요. (김원훈)

그날 정상적으로 촬영을 했다면 아마 '장기연애' 콘텐츠는 1년
뒤에 나왔을 수도 있어요. (조진세)

연령별 비율을 보면 20-30대가 70-80퍼센트를 차지하거든요. 젊은 세대가 저희의 생활 밀착형 연기에 많은 공감을 보내는 것 같아요.

조: SNS에서 바이럴 되기 적당한 분량의 영상이라는 점도 한몫했다고 봐요. 내 피드가 아닌 '둘러보기'에 뜬 숏폼 콘텐츠를 보고, 곧장 유튜브로 넘어와서 채널을 검색해 구독하는 경우가 많더라고요. '공감'이라는 키워드의 힘이 정말 큰 것 같아요. 저희 영상을 친구들에게 공유하면서 입소문을 탄 게 주효하지 않았나 생각합니다.

아까 "〈개그콘서트〉 때는 대본을 짜서 검사를 받았다"라고 말했는데요. 그에 비해 지금은 콘텐츠를 기획해 대본을 만드는 일부터 촬영, 편집, 연기까지 전 범위를 아우르고 있어요. 무대 위의 플레이어와 무대를 만드는 프로듀서, 두 역할을 다 경험해본 사람들로서 어디에 더 재능이 있다고 보나요?

김: 요즘엔 둘 다 잘해야 해요. 코미디언은 결국 '내가 대중에게 전달하고 싶은 이야기를 재미있게 표현하기 위해 노력하는 사람'이잖아요. 그것이 무대가 되었든 플랫폼이 되었든 내 이야기를 효과적으로 전달하기 위해 플레이어인 동시에 프로듀서가 되어야 해요.

조: 래퍼가 자기 이야기를 랩 가사로 써서 뱉듯이, 코미디언은 대본 작업을 스스로 하는 게 맞아요. 내가 짠 개그를 가감 없이 보여줄 수 있다는 점 때문에 유튜브라는 플랫폼과 가장 잘 맞지 않나 싶기도 하고요. 기획이나 연출은 지금도 공부하는 중이라 잘한다고는 말하기는 어려워요. 그래도 대본 작업과 연기, 플레이어로서는 저희 셋 다 자신 있습니다.

코미디에도 트렌드가 존재하잖아요. 예전에는 선을 넘는 과감함으로 웃음을 주는 게 유행이었다면, 요즘에는 선을 넘지 않는 무해한 웃음을 선호하는 것처럼 보입니다. 콘텐츠를 만들면서 '선'에 대해 스스로 검열할 때가 있나요?

김: '이런 부분을 언급하면 논란이나 불편함을 자아내지 않을까?'라는 것에 신경을 많이 써요. 〈개그콘서트〉에 출연하던 시절, KBS가 공영 방송이라 이런 종류의 검열을 경험했는데 오히려 거기서 많이 배운 셈이죠. 모두를 만족시킬 순 없겠지만 유튜브에서도 조심스러운 태도로 작업하게 되거든요. 예를 들어 '너라면 어떻게 할 거야?'라는 에피소드[3] 에서는 "연예인 황민주랑 사귈 수 있으면 사귈

3   시간을 때우던 회사 동료 둘이 '만약에~'라는 질문으로 일어나지 않을 일을 계속 질문하고 답하며 아이러니한 밸런스 게임을 시작하는 현실 고증 공감형 에피소드.

거야?"라는 대사가 나오는데요. 사실은 진짜 연예인 이름을 언급해야 상상력도 자극하고 재미를 줄 수 있는데, 당사자와 팬에게 불편한 요소가 될 수 있잖아요. 그래서 가상의 인물로 대체했죠. 재미도 중요하지만, 그 웃음이 누군가를 불편하게 하지 않는지를 더 고민하고 있어요.

조: 오히려 '재미없다'는 댓글은 크게 신경 쓰지 않으려고 해요. 웃음이란 게 지극히 개인적인 코드가 있기 때문에 모두를 다 웃길 순 없어요. 물론 가능한 많은 사람을 웃기는 게 저희의 목표이긴 하지만요. 그래서 '재미있다', '재미없다'는 피드백보단 '불편하다'는 이야기에 귀를 더 기울이게 되죠.

유튜브라는 플랫폼의 특성상, 사람들이 좋아하는 콘텐츠와 좋아하지 않는 콘텐츠의 구분이 확연하게 드러나잖아요. 일단 '좋아요' 숫자와 조회 수로 즉각적인 반응을 보게 되니까요. 사람들이 좋아하는 것과 우리가 하고 싶은 것, 이 사이에서 균형을 찾으려면 어떻게 해야 할까요?

조: 〈숏박스〉 채널에 올라오는 콘텐츠라고 하면, 생활 속에서 느끼는 공감과 웃음을 떠올리는 분들이 많아요. 저희도 이런 '공감 개그'를 워낙 좋아하긴 하지만, 그보다

더 순수하게 개그적인 콘텐츠를 해보고 싶다는 생각도 있어요. '도둑들'이라는 에피소드[4]가 대표적인데요. 생활 밀착형 공감 개그와는 조금 동떨어져 있지만, 나중에는 이런 형태의 개그를 더 많이 시도해볼 수 있지 않을까 싶네요.

엄: 구독자가 원하는 개그와 저희가 원하는 개그의 간극이 좁혀져서, 언젠가 중간에서 만나는 시기가 한 번쯤은 올 거라고 생각해요. 무엇이 되었든 한 쪽으로 치우친다면 발전이 생기기 힘들잖아요. 새로운 도전에 나설 때가 올 것 같아요. 아직 구체적으로 계획하고 구상 중인 건 아니지만요.

코미디언은 자기만의 개성, 즉 '캐릭터'가 중요하다고 이야기하죠. 〈개그콘서트〉를 할 때와 유튜브 콘텐츠를 만드는 지금, 캐릭터의 중요도는 어떻게 달라졌나요?

김: 스케치 코미디를 하면서 '나는 이 안에서 이런 캐릭터를 구축해야지'라고 생각하진 않아요. 각각의 영상에서 친구, 의사, 미용실 손님 등 많은 인물을 연기하지만 상황과 직업에 따라 미묘하게

> 4   '모든 건 너한테 달렸어'라는 제목의 에피소드로 두 명의 도둑이 어설프지만 치밀한 티키타카를 이어간다. 주고받는 호흡이 돋보이는 콩트 개그.

나경연, 숏박스 인터뷰 '주말특급
숏!숏!숏! 짧아도 터진다' 중
(«국민일보», 2022.6.25)

치과 안 가본 사람 없고, 미용실 안 가본 사람 없는 것처럼
사람들이 가장 자주 가고 빈번하게 접했을 상황을 설정한다.
그리고 주변 사람들을 인터뷰한다. 예를 들면, 남자들한테
미용실에서 투블럭 커트 몇 밀리미터로 하는지 다섯 명에게
물어본다. 그러면 소소한 통계가 모이고, 그 통계를 바탕으로
콘텐츠를 만든다. (김원훈)

콘텐츠에 등장하는 주인공들은 다 평범한 사람들이고,
그들이 살아가는 모습을 콘텐츠로 만들다 보니 많은 분이
쾌감을 느끼시는 것 같다. 특히 특정 직업이 콘텐츠로
다뤄졌을 때 그 직업군의 구독자들 반응이 뜨겁다. 미용사
편을 올렸을 때는 SNS에 미용사들 팔로우 요청이 엄청
많이 오고, 치과 편을 올렸을 때는 치과 의사분들로부터 DM
이 쏟아진다. 대부분 '너무 재미있으니까 이대로만
해주세요'라는 내용이다. (조진세)

달라지기 때문에 연기에 더 집중하고 있어요. 말하는 톤을 높이거나 느리게 하기도 하고, 그 인물을 돋보이게 할 수 있는 복장이나 액세서리 등을 착용하면서 다르다는 걸 보여주기 위해 노력하죠. 기본적으로 저희 셋이서 계속 연기하기 때문에 '비슷하다'는 인상을 주고 싶진 않거든요.

조: 스케치 코미디에서는 캐릭터가 힘을 가지면 오히려 웃음에 방해 요소가 될 수 있다고 생각해요. 상황에 따라 매번 다른 인물을 연기하고, 거기서 웃음을 줘야 하거든요. 한 가지 캐릭터로 고정되면 다양한 상황에서 같은 패턴의 웃음이 반복되지 않을까 염려되기도 하고요.

엄: 저도 일부 공감해요. 공개 코미디 방송을 할 때처럼 꽉 짜여 있거나 만들어진 캐릭터는 필요하지 않아요. 오히려 유튜브에서는 사람 자체의 매력이나 캐릭터를 보여주는 게 큰 도움이 되죠. 〈숏박스〉라는 스케치 코미디 채널 안에서 다양한 역할을 연기하고 있지만, 구독자들이 일단 그 사람에게 매력을 느끼면 뭘 하든 다 보게 되거든요. 한동안 엄청나게 유행했던 '부캐'의 필요성이 줄어든 것 같아요. 꼭 가상의 캐릭터를 부여하지 않아도 코미디언의 진짜 캐릭터가 호감을

부른다면 그걸로 충분해요. 코미디 속에서 자연스럽게 묻어나는 본연의 매력이 유튜브라는 플랫폼에서는 승부수가 된다고 생각합니다.

경계가 모호한 시대에는 대중의 인정이 중요하다

공개 코미디 무대나 유튜브 콘텐츠에서 보여주는 모습이 아닌, 세 분의 진짜 캐릭터는 어떤가요? 흔히들 '친구들 사이에서 제일 웃기는 친구'가 코미디언이 된다고 하잖아요.

조: 학교에서 제일 까불고 나대는 애들이 모인 집단이 코미디언 같아요. 저도 학창 시절에 선생님들 따라 하면서 친구들을 꽤 웃겨줬거든요. 그때는 내내 반장을 도맡았는데, 공부를 잘해서는 아니었고 순전히 친구들을 재미있게 해줘서였어요. 저 때문에 친구들이 웃는 게 그렇게 좋더라고요.

김: 맞아요. "넌 진짜 웃겨. 너 나중에 꼭 개그맨 해라!"

이런 소리 듣던 사람들이 결국 코미디언이 되는 것 같아요. 전 성대모사를 잘하진 않았지만, 항상 상황을 예의주시하며 파악하다가 갑자기 엉뚱한 행동을 해서 친구들을 웃기곤 했어요.

엄: 전 친구들이 뭔가 실수하거나 잘못을 하면 그걸 물고 늘어져서 웃음을 줬어요. 그러고 보니 지금 제가 하는 개그랑 비슷한 것 같네요. (웃음)

자연스럽게 코미디언이라는 직업을 택했군요?

엄: 학창 시절, 장래 희망을 정할 때 이런 이야기를 들은 적이 있어요. "네가 하고 싶은 일도 좋지만 너를 찾아주는 일을 직업으로 선택하면 좋겠다." 당시에 저를 알던 많은 사람이 "넌 코미디언 해야 해, 꼭 그렇게 될 거야"라고 말해줬거든요. 결국 '나를 찾아주는 직업이 코미디언 아닐까?' 생각하게 되더라고요. 내가 잘할 수 있으면서 나를 필요로 하는 일 같았달까요. 그래서 일찌감치 코미디언이 되기로 꿈을 정했죠.

조: 코미디언이라는 꿈은 막연하게만 간직하고 있었어요. 그러다 남들보다 조금 늦게 노력하기 시작했죠. 동료 코미디언 대부분은 스무 살 초반부터 이미 개그를

공부하면서 대학로 무대에서 희극 연기를 했거든요. 저는 비교적 늦은 나이인 스물여섯에 KBS 공채 개그맨 시험을 봤어요. 여기서 한두 번만 탈락해도 금세 서른이 된다는 생각에 두렵기도 했죠. 그렇지만 '지금 아니면 영영 도전도 못 해보겠다' 싶어서 용기를 냈는데, 운 좋게 한 번에 합격했어요.

김: 저는 사실 배우가 되고 싶었어요. 고등학생 시절에는 소속사에 들어가 2년 정도 연기를 배우기도 했고요. 그러다 진로를 선택하는 시기에 항공정비과로 진학했어요. 전공이 적성에 잘 맞지 않아서 일단 군대를 다녀온 뒤, 다시 입시 공부를 해서 연극영화과에 들어갔죠. 그때 동기들과 공연하면서 희극적인 요소가 담긴 역할을 맡았는데, 너무 재미있더라고요. 사람들이 제 연기를 보고 웃는 게 좋았어요. 그래서 코미디언의 꿈을 가지고 KBS 공채 개그맨 시험을 봤는데 저도 한 번에 합격했어요. 그렇게 코미디언이 되었죠.

세 분 모두 KBS 공채 개그맨이라는 타이틀을 얻었기 때문에 코미디언이라는 직업을 갖게 된 셈인데요. 이제 더는 방송국에서 공채 코미디언을 뽑지 않잖아요. 코미디 프로그램도 손에 꼽을 정도로 줄었고요. 이런 상황에서 코미디언을 직업으로 삼으려면 어떻게 해야 할까요?

조: 공채 개그맨이라는 타이틀도, 방송 3사의 개그맨 시험도 없어졌죠. 그러면서 자연스럽게 코미디언이라는 직업의 경계도 없어진 것 같아요. 이런 상황에서 코미디언을 직업으로 삼으려면, 소속이 어디든 사람들에게 인정받는 게 훨씬 중요해졌다고 봐요. 벌써 유튜브나 틱톡 같은 플랫폼에서 개그 콘텐츠를 선보이는 '크리에이터'와 코미디언의 경계가 모호해졌잖아요. 무대를 가리지 않고 자신의 개그를 보여줄 수 있는 사람, 그걸로 대중의 인정을 받는 사람이 요즘 시대의 코미디언 아닐까요. 방송국에서 시험을 봐서 코미디언의 당락을 결정짓는 시대는 지나갔으니 새 시대에 맞는 플랫폼을 빨리 찾아내 거기에 자신의 재능을 쏟아부으라고 말해주고 싶어요.

엄: 저도 비슷한 의견이에요. 예를 들어 사람들이 유병재 씨를 다양한 직업으로 부르는데요. 누군가는 코미디 작가, 누군가는 유튜버, 또 누군가는 코미디언이라고 불러요. 이건 연기를 하고, 콘텐츠를 만들고, 글을 쓰는 유병재 씨의 모든 활동이 코미디라는 영역 안에 있어서라고 생각하거든요. 그런 걸 보면 결국 코미디언이라는 타이틀은 보는 사람들이 부여해주는 게 아닐까 싶어요. 코미디의 영역 안에서 활동을 펼치고 대중에게 '코미디를 하는 사람'으로 불리게 된다면, 그게

곧 직업이 되는 거죠. 그런 맥락에서 오히려 더 다양한 길이 열렸다고 봐요. 사람들에게 웃음과 재미를 주는 일에만 집중하면 코미디언의 활동 영역이 엄청나게 넓어질 수 있으니까요.

김: 며칠 전, 거리에서 사람들과 인터뷰하는 촬영을 했는데요. 어떤 학생이 "크리에이터가 되려면 어떻게 해야 하냐"라고 묻더라고요. 저는 코미디언인 동시에 유튜브에서 콘텐츠를 창작하는 크리에이터이기도 하니까요. 코미디언의 무대가 공개 방송이 되었든 유튜브 플랫폼이 되었든, 결국 '사람들에게 웃음을 준다'는 본질은 같아요. 용기를 가지고 많은 경험을 쌓는다면 뜻하지 않은 기회를 만날 수 있을 거라고 생각합니다.

그렇다면 코미디 연기를 하는 사람과 코미디언은 다르다고 볼 수 있을까요?

김: 완전히 다르다고 생각해요. 대부분의 코미디언은 다른 사람이 써준 대본으로 연기해본 경험이 많지 않을 거예요. 대부분 직접 대사와 상황을 짜서 연기하거든요. 만들어진 대본에 캐릭터를 녹여내는 것이 코미디 연기일 텐데요, 그걸 잘 해내는 배우들이 참 대단해요. 코미디언은 내가 하고 싶은 이야기를 스스로 만들어서

들려주는 사람이죠. 코미디 연기를 하는 배우와
코미디언, 각자의 능력치가 확연히 다르다고 봅니다.

방금 코미디언이란 직업에 대한 정의가 나온 것 같아요.
이야기가 나온 김에 지금 하는 일을 어떻게 생각하고 있는지
묻고 싶네요.

엄: 단순히 웃음을 주는 직업만은 아니라고 생각해요.
순간적으로 웃을 수 있는 일은 너무 많죠. 발바닥을
간지럽히기만 해도 웃음이 나잖아요. 코미디언으로서
저는 다양한 장르에서 다양한 연기를 통해 사람들에게
웃음을 전달해요. 슬픈 상황에서도, 생활 속 작은 공감
포인트에서도, 정치 풍자에서도, 어떻게든 그 안에서
재미를 찾아 전달하는 게 코미디언의 역할이니까요.
이런 일을 하면서 그것이 경제 활동으로 이어진다면
직업인으로서의 코미디언이라 할 수 있겠죠.
코미디언은 인간의 감정을 건드리기 위해 때로는
만능이 되어야 하는 몹시 어려운 직업이에요. 그래서
스스로 자부심을 갖는 것도 중요하고요. 웃음을 주는
여러 방식 중 자기 자신이 떳떳하지 않은 것을 택한다면
그건 코미디언이 아닌 것 같아요. 조금 거창하게
말한다면, 웃음에 대한 확고한 철학을 가지고 그 생각을
전달하는 사람이겠죠.

김: 같은 맥락에서 어떤 자리에 서건, 모두에게 기분 좋은 웃음을 줄 수 있어야 한다고 생각해요. 친구들과의 모임에서 웃음을 주는 사람을 가리켜 '직업이 코미디언'이라고 할 순 없잖아요. 더 많은 영향력을 가지고 사람들의 기분을 좋게 만드는 직업, 그 일을 하는 사람이 코미디언이에요.

조: 맞아요. '기분 좋은 웃음'이라는 점이 직업인으로서 코미디언을 언급할 때 가장 중요한 부분 같아요. 궁극적으로는 행복을 전달하는 직업이 코미디언이라고 생각합니다.

정답이 없기에 버텼다

코미디언으로서 '성공'의 기준은 무엇일까요? 모두가 다 알아보는 사람이 되는 것일 수도 있고, 돈을 많이 버는 것일 수도 있잖아요.

> 엄: 사람들이 긍정적인 시선으로 "저 사람 재미있어"라고 바라볼 때, 그래서 어떤 채널에서든 사람들이 찾는 빈도가 높아질 때, 코미디언으로서는 성공한 게 아닐까요?

> 김: '얼굴만 봐도 기분 좋은 웃음이 나는 희극인'이라는 이미지가 쌓인다면 그것 만한 성공도 없다고 생각해요. 제가 유튜브 세상 속에만 있다가 최근 외부 활동을 시작했어요. ‹SNL 코리아›[5]의 크루로 합류하면서 정말

오랜만에 현장 관객과 만났거든요. 아무 대사 없이 그저 등장만 했는데도 관객들이 웃어주는 거예요. 그동안 코미디언으로 활동하면서 "목소리 톤도 낮고 재미없다"는 말을 주로 들었어요. 이제는 사람들이 나를 보기만 해도 재미를 기대하는구나 싶어서 자신감을 가지고 계속 연기하고 있죠.

조: 두 분이 말한 정도의 성공을 거둔 코미디언이라면, 경제적 성공과도 자연스럽게 이어지지 않을까요? 쉽게 말하면, 벤츠를 타도 손가락질받지 않는 코미디언?

김: 그래서 지금 타고 다니는 차가 뭐죠?

조: 아, 지금 저는 아반떼를 타고 다니긴 합니다만. (웃음)

성공에 대해 이야기했으니 조금 다른 관점에서 '꿈'에 대해 묻고 싶어요. 직업을 갖는 것과 꿈을 실현하는 것은 엄연히 다르잖아요. 코미디언이라는 직업을 갖게 된 세

5   1975년부터 방영된 미국 NBC 방송사의 장수 인기 라이브 코미디쇼 〈새터데이 나이트 라이브(Saturday Night Live, SNL)〉의 판권을 수입해 한국식 정서와 트렌드에 맞게 리메이크한 프로그램. 유명 인사들의 코믹한 변신과 정치 풍자를 만날 수 있으며, 사회 각 분야의 유명인을 호스트로 캐스팅해 셀프 패러디나 셀프 풍자 등 평소와 다른 연기를 선보일 수 있는 판을 마련해준다. 2011년 tvN 에서 방영을 시작해 2017년 시즌 9 로 프로그램을 종영했고, 약 4년 만인 2021년 9월부터는 쿠팡플레이 오리지널 콘텐츠로 방영 중이다.

나경연, 숏박스 인터뷰
'주말특급 숏!숏!숏! 짧아도 터진다' 중
(≪국민일보≫,2022.6.25)

무대가 사라진 뒤 아르바이트로 돈을 벌었다. 저희가 인지도는
낮지만, 간혹 알아보는 분이 계셔서 배달 아르바이트는 용기가
나지 않았고 행사 사회를 많이 봤다. 돌잔치나 결혼식, 행사 MC
를 많이 했다. 1회당 20만 원 정도인데 보수는 주는 사람 마음이다.
어떤 분은 돈 대신 식사를 하고 가라고 하기도 했다. (김원훈)

엄: 누군가에게 저를 소개할 때 제 얼굴 자체가 명함이 되는 게 꿈이에요. 예전에는 "KBS 32기 막내 엄지윤입니다!"라고 소리 높여 인사해도 아무도 알아보는 사람이 없었어요. 유재석 선배는 자기 소개를 하지 않아도 모두가 다 알잖아요. 너무 높은 목표 같긴 한데, 제가 소개하기 전에 이미 누군지 알고 있는 사람이 되고 싶어요.

조: 제 이름에 따르는 영향력이 커진다면 어려운 상황에 놓인 사람들을 돕고 싶어요. 도움이 필요한 곳에 '플렉스'하는 게 저의 꿈입니다. 아, 그리고 한국의 짐 캐리(Jim Carrey)[6]가 되는 것도 꿈이에요. 모든 분야를 다 아우르는 연기를 해내고 싶어요.

김: 이런 질문엔 항상

6   코미디 연기의 일인자라고도 불리는 캐나다 출신 배우. 10대 시절에는 코미디 클럽에서 스탠드업 코미디를 선보였고, 이후 지독한 무명 시절을 겪었으나 ‹에이스 벤츄라(Ace Ventura: Pet Detective)›, ‹마스크(The Mask)›, ‹덤 앤 더머(Dumb and Dumber)›, ‹라이어 라이어(Liar Liar)› 등의 영화가 연속 흥행하며 톱스타 반열에 오른다. 이후에는 ‹트루먼 쇼(The Truman Show)›, ‹이터널 선샤인(Eternal Sunshine of the Spotless Mind)› 등에서 다양한 스펙트럼의 연기를 보이며 연기력을 입증한다. 골든 글로브, MTV 영화제 등에서 수상한 경력이 있으며, 2022년 개봉한 ‹수퍼 소닉2(Sonic the Hedgehog 2)›가 최신작이다.

이렇게 답했어요. 주변에 코미디를 사랑하고 너무 잘하는 동료 코미디언들이 많으니까 이들과 협업할 수 있는 큰 채널을 운영하고 싶다고요. 그런데 꿈이 조금 바뀌었어요. 최근에 어떤 방송에 출연했는데, 친한 동료를 만나서 같이 재미있게 촬영했거든요. 유튜브 채널뿐만 아니라, 방송에서도 영향력을 넓혀서 동료 코미디언들과 즐겁게 일하고 싶어요. 그러기 위해서라도 더더욱 〈숏박스〉를 잘해야겠다는 생각이 드네요.

코미디언으로서 자신의 가장 빛나는 자질을 하나씩만 알려주세요.

엄: 순간적인 상황 판단력이 빠른 편이에요. 주어진 상황에서 준비한 개그를 해야 할 때와 하지 말아야 할 때를 잘 캐치한다고 할까요. 순간의 판단력이 '재미있다'와 '재미없다'를 가르기 때문에, 방송을 하든 콘텐츠를 만들든 이건 꼭 필요한 자질이라고 생각해요.

조: 사람들의 말투나 행동을 관찰하는 걸 잘해요. 특히 모두가 주목하는 한 사람 말고, 그 옆 사람을 관찰하면서 특징을 짚어내는 게 제 장점이에요. 그 사람의 학창 시절이 어땠을 것 같다, 성격이 어떨 것 같다, 이런 디테일한 부분까지 파악해 공감을 자아내면서 사람들을

웃기는 거죠. 나중에 정극의 감초 연기자 역할에
도전해보고 싶어요.

김: 저는 코미디언 사이에서는 완전히 평범한 코미디언
같아요. 제 장점을 선뜻 말하기가 어려울 정도로요.
그래서 제 매력을 보여주기 위한 계획을 잘 세우는
편이에요. 순발력이나 성대모사 같은 재능보단 상황에
대한 집중력과 철저한 계획으로 평범함을 돌파하려고
노력해요.

엄: 그런데 원훈 선배는 절대 평범한 코미디언은
아니에요. 자신을 잘 모르나 봐요.

조: 사석에서 이야기를 나누다 보면, '어떻게 저런 생각을
하지?' 싶을 만큼 예상 밖의 말과 행동을 할 때가 있어요.
최근에 같이 방송 촬영을 했는데 프로그램 안에서
자신이 어떤 모습을 보여야 할지 세밀하게 '빌드업'을
잘하더라고요. 그거야말로 빛나는 자질 아닐까요.

〈숏박스〉처럼 잘되고 싶은데 돌파구를 찾지 못해서 힘든 시간을
겪고 있는 동료들이 조언을 구한다면, 뭐라고 말할 건가요?

조: 저의 원칙인데, '무조건 시작부터 해보라'고

이야기해줘요. 일단 해보면서 문제점이 생기면 바꾸는
게 좋다고 말해주는 편이에요. 도전을 해야 결과가
나오잖아요. 완벽한 준비라는 건 없더라고요.
시작하면서 만들어가면 되고, 혹여나 결과가 좋지
않더라도 과정을 통해 분명 얻는 게 있어요. 만약 이 길이
내 길이 아니라는 결론이 나더라도, 해보고 나서 얻는
결론은 받아들이는 게 달라요. 후회와 미련을 남기지
않으려면 일단 부딪쳐봐야 해요.

김: 저희가 예전에 겪었던 고충과 고민을 똑같이 겪는
친구들이 많아요. 코미디나 유튜브는 정답이 없는
콘텐츠고 플랫폼이에요. 저희도 〈숏박스〉가 답이 될 줄은
몰랐어요. 마지막처럼 느껴지는 순간에 포기하지 않고
우리가 가장 잘하는 것을 해보려고 버틴 것이거든요.
동료들도 포기하게 만들고 싶지 않아요. 그래서
희망적인 이야기를 많이 해줘요. 꾸준히 하다 보면
예상치 못한 시점에서 뭔가가 터지기도 하니까요.

엄: "어떻게 하면 좋을까?" 질문하는 순간, 이미
자기 안에도 답이 있다고 생각해요. 보통 자신이
생각하는 그 답이 맞는지 틀리는지 확신을 얻고 싶어서
질문하잖아요. 그럴 때 긍정적으로 이야기해주는
편입니다. 아무것도 예측할 수 없다고 해도 뭐든지

응원해주고 싶은 마음이랄까요.

지금의 나를 이 자리에 있게 만든 삶의 태도나 원칙이 있나요?

엄: '내가 하는 일에는 고집을 가지고, 남이 하는 일에는 고집이 없어야 한다.' 이게 제 원칙이에요. 스스로 만들어 나가는 일에는 나만의 고집이 있어야 한다고 생각해요. 하지만 다른 사람이 나에게 주는 일에는 맞춰가려고 노력하죠.

김: 지키지 못했던 원칙이지만 앞으로는 꼭 지키고 싶은 게 있어요. '나의 자존감을 떨어뜨리지 않으려고 노력하는 것'인데요. 전에는 뭘 해도 자신감이 없어 저 자신을 믿지 못했지만, 요즘 많은 사랑을 받으니까 자연스럽게 자존감이 올라가더라고요. 뭐든지 자신감이 생기고요. 자존감을 지키면서 자신감을 갖자는 원칙, 이제부터라도 지켜보고 싶네요.

조: 저는 생각도 겁도 많아요. 그렇지만 방금 말했듯 '뭐든지 시작해보자'는 원칙만큼은 지키려고 합니다. 가만히 생각만 하기보다 뭐라도 해보자.

아주 먼 미래에도 코미디언이라는 직업이 존재할까요?

조: 이 직업은 세상이 끝나는 그날까지 존재할 거예요. 물론 저희 셋이 코미디언이란 직업을 처음 가졌을 때와 지금 상황이 많이 달라졌듯 변화는 계속 겪겠지만, 코미디언이라는 직업 자체는 인간이 존재하는 한 절대 없어지지 않을 겁니다. 인간은 웃고 살아야 하니까요.

김원훈은 1989년 인천에서 태어났다. 2015년 KBS 공채 개그맨 30기로 데뷔한 그는 ‹개그콘서트›에서 조진세와 함께 호흡을 맞췄으며, 2019년 1월부터 유튜브 채널 ‹우낌표›를 운영하다가 2021년 10월 스케치 코미디 채널 ‹숏박스›를 시작했다. 2022년 4월에는 ‹SNL 코리아› 시즌 2 크루로 합류했다.

—

조진세는 1990년 서울에서 태어나 자랐다. 2016년 KBS 공채 개그맨 31기로 데뷔했으며, ‹개그콘서트›에 출연했다. 2019년 1월부터 김원훈과 함께 유튜브 채널 ‹우낌표›를 운영하다가 2021년 10월 ‹숏박스›를 시작해 활발하게 활동 중이다.

—

엄지윤은 1996년 경기도에서 태어났다. 2018년, KBS 공채 개그맨 마지막 기수인 32기로 데뷔했으며 2021년 12월 유튜브 채널 ‹숏박스›에 정식 합류했다. 2022년에는 개인 유튜브 채널 ‹엄지렐라›를 시작했으며 MBC ‹놀면 뭐하니?›의 여성 음악 프로젝트 그룹, WSG 워너비의 멤버로 발탁되었다.

—

‹숏박스›는 코미디언 김원훈, 조진세가 2021년 10월 시작한 스케치 코미디 전문 채널로, 2021년 12월 여성 코미디언 엄지윤이 합류했다. 2022년 8월 초 기준 구독자 수는 213만 명이다.

—

숏박스 Instagram @*shortbox.official*
김원훈 Instagram @*kimwonhun*
조진세 Instagram @*jinsecho*
엄지윤 Instagram @*eomjiyoon96*

숏박스
Shortbox

(왼쪽부터) 조진세 Jinse Cho, 엄지윤 Jiyoon Eom, 김원훈 Wonhun Kim

"

저희가 코미디언이 되었을 때만 해도 '공채 개그맨'이란
타이틀에 도전하는 것이 굉장히 중요했어요. 이제는
확실히 달라요. 코미디언의 정의도 시대에 따라 변할 것
같은데, 지금은 미디어에 자신을 노출하고 그 플랫폼에서
웃기는 모든 사람이 코미디언이라고 생각하거든요. 대중
매체를 활용해서 사람들에게 웃음과 재미를 주는 직업이
코미디언인 셈이죠. 아직까지는 유튜브라는 플랫폼을
중심으로 돌아가고 있지만, 대세가 되는 플랫폼이 바뀌면
그에 따라 코미디언의 기준이나 자격도 달라질 것 같아요.
경계가 많이 허물어졌기 때문에 코미디언을 어떻게
정의하느냐도 점점 어려워졌죠. 다만 한 가지 확실한 건,
인공지능(AI)이 대체할 수 없는 직업이라는 점이에요.

"

누군가를 웃기기 위해 필요한 몇 가지 능력
김주형, 프로듀서

코미디는 어렵다. 그런데 코미디는 어려우면 안 된다. 이 말조차 코미디 같은데, 코미디는 정말 그렇다. 질 좋은 코미디를 만들기란 정말 어렵지만, 그 안에서 펼쳐지는 코미디는 쉬워야 한다. 그래서 코미디언은 쉽게 웃기기 위해 어려운 고민을 해야 하는, 심오한 직업이다.

예능 PD라는 직업은 장점이 많다. 그중 하나가 '사람들에게 재미를 주기 위해 고민하는 동시에 나도 즐거울 수 있다'는 것이다. 먹고살자고 하는 일이 즐겁기까지 하다면 금상첨화 아닌가. 특히 예능 PD는 버라이어티, 코미디 등 다양한 루트를 통해 재미를 주고자 한다. 이 많은 방법 가운데 나는 운 좋게 코미디 프로그램을 여러 차례 연출했다. 왜 운이 좋냐고? 예능 PD

라고 해서 누구나 코미디 프로그램을 맡을 수 있는 건 아니기 때문이다. 예능 PD로서 코미디를 연출한다는 건 게임으로 치면 마치 '레어템'을 차지하는 행운을 누리는 것과 같은 셈이다. 그렇다. 나는 운이 좋았다. 재미있는 사람들이 잔뜩 모여 만드는 '코미디'란 장르를 경험했고, 지금도 계속하고 있으니까.

바야흐로 공개 코미디의 전성기가 다시 찾아왔던 2008년, 시청자가 아닌 직업인이 되어 코미디의 세계에 첫발을 내디뎠다. 일요일에 방영된 ‹웃찾사 - 웃음을 찾는 사람들›[1]를 보지 않으면 다음 날 유행어를 알아듣지 못해 대화에서 소외된다는 말이 나올 정도로 ‹웃찾사›가 제2의 인기를 구가하던 시절, 나는 ‹웃찾사›의 조연출이 되었다. (사실 그보다 조금 더 전에, 정말 아무것도 모를 때 ‹개그대축제›[2]란 특집 프로그램의 조연출을

---

[1]
2003년부터 2017년까지 방송된 SBS 공개 코미디 프로그램. KBS2 ‹개그콘서트›와 더불어 한국 공개 코미디의 양대 산맥이었다. 2004년 후반부터 2005년 초반은 ‹웃찾사›의 전성기로 '행님아', '택아', '화상고', '비둘기 합창단', '희한하네', '웅이 아버지' 등의 코너는 전국적인 인기를 끌며 30퍼센트에 달하는 시청률을 기록했다.

[2]
2007년 12월 SBS 송년 특집으로 꾸려진 프로그램. 심형래, 김미화, 임미숙, 김학래, 최양락 등 1980-1990년대에 활약한 중견 코미디언들이 80여 명의 후배 코미디언들과 110분 동안 추억의 개그와 당시의 인기 코너를 엮은 퓨전 개그를 선보였다.

맡은 적이 있다.)

⟨웃찾사⟩ 사무실은 SBS 등촌동 공개홀 4층이었다. 그 시절, 코미디언들로 가득 찬 그곳의 분위기는 늘 시끄러웠고, 웃음소리가 끊이질 않았다. '학창 시절 오락부장 50명을 모아놓으면 딱 이렇겠구나' 싶었다. 웃기는 일을 제일로 여기는 사람들이 몇 트럭 모여 있었으니 그럴 수밖에. 하지만 아이러니하게도, 제아무리 웃기는 일이 제일인 사람들이라 해도 그게 '업'이 되는 순간 매우 어려운 일이 되어버렸다. 매주 금요일마다 열리는 ⟨웃찾사⟩ 공개 방송을 위해 우리는 딱 하루, 토요일만 빼고 매일 늦은 밤(때로는 새벽)까지 사무실 불을 밝혀야 했다. 그곳은 웃겨야만 하는 무리들의 고민과 웃음소리로 가득했다.

그들이 보여준 코미디는 대부분 우리 주변의 이야기에서 출발했다. 어릴 적 부모님과 이웃들의 모습에서 영감을 얻은 '옹이 아버지', 시골 동네 슈퍼를 지키는 할아버지, 할머니의 모습에서 착안한 '안 팔아', 동화책이나 애니메이션에서 봤을 법한 '퐁퐁퐁' 등 이 코너들은 모두 '익숙'해서 공감했고, 다 '알 법'해서 웃겼다. 좋은 코미디언의 재주란 바로 여기서 시작된다. 우리가 다 본 듯하고 알 법한 이야기를 남들보다 더 웃기게 말하고 더 맛깔나게 표현해내는 것 말이다.

코미디언은 주변에서 일어나는 일과 거기서 파생된 이야기를 쉽게 지나치지 않는다. 여기에 각자의 특출난 재능인 현란한 개인기와 세밀한 연기력이 더해지면 더욱 흥미롭고 재미있는 코미디가 완성된다. 한번 생각해보자. 세상에 없던 이야기를 지어내기란 무척 어려운 일이다. 그런데 없던 이야기로 사람들을 웃기기까지 한다? 이건 정말 고난도 작업이다. 물론 세상에는 그런 특별한 능력을 가진 사람들이 존재한다. 하지만 매주 방송이 나가야 하는 상황에서 하루가 멀다 하고 이야기를 지어내야 한다면 그건 엄청나게 고통스러운 일이 될 것이기에, 주기적으로 코미디 무대에 오르려면 있을 법한 이야기가 바탕이 되어야 한다. 그 후 이야기를 담을 틀을 만들어 '포맷화' 하고, 등장인물의 특징을 살린 '코미디 캐릭터화' 과정을 거치면 매주 코미디를 선보일 수 있는 환경이 완성된다.

우리 주변의 모든 이야기가 코미디 소재가 될 수 있다면, 코미디언은 이를 어떻게 꺼내서 활용할까? 그동안 내가 본 능력 있는 코미디언들은 몇 가지 공통점을 갖고 있었다. 우선 관찰을 잘한다. 주변에서 일어나는 일을 집요하게 관찰하는 것이야말로 코미디의 시작이다. 내가 본 '잘하고 웃기는' 코미디언들은 늘 호기심을 갖고 주변을 둘러보며 사소한 순간을 포착해내는 사람들이었다. 앞서 언급한 '웅이 아버지' 역시 동향 친구였던 코미디언 이진호 씨와 이용진 씨가 어릴 적 주변 가족들을 관찰했던 경험에서 모티브를 얻어 시작된 코너였다. 얼마 전 인기를 얻었던 〈SNL 코리아〉의 '주 기자' 캐릭터 역시 인턴 기자라는 포지션이 가지는 배경과 환경을 잘 관찰하고 연구해서 얻은 결과일 것이다. 예전에 코미디언 강유미 씨가 연기해 인기를 끌었던 기자 캐릭터 역시 기자들의 리포팅 습관을 잘 캐치해서 표현했기에 가능했다. 현재 강유미 씨는 이 관찰력을 한층 더 끌어올려 자신의 유튜브에서 수많은 직업인의 특징을 묘사하는 콘텐츠를 만들고 있기도 하다.

최근에는 〈숏박스〉나 〈너덜트〉[3] 등의 유튜브 채널 또한 인기를 얻고 있는데, 이들이 만든 코미디 콘텐츠는 관찰이라는 레이더를 매우 뾰족하게 세운 결과물이다. 나와 주변인들의 일상에 있을 법한 공감 어린 에피소드를 요즘 트렌드인 빠른 호흡과 세련된 영상에 담아 보여주는데, 여기에 자연스러운 연기가 더해지면서 강력한 시너지가 발생한다. 미디어 환경이 변화함에 따라 보여주는 방식은 달라졌을지라도 집요한 관찰을 바탕으로 만들어진 코미디는 관객의 공감을 이끌어 내기 마련이

3
광고 감독 출신 유현규와 배우 출신 전상협이 결성한 유튜브 채널로 〈숏박스〉와 함께 스케치 코미디 트렌드를 이끌고 있다. 약 3분 이내의 숏폼 형식으로 주변에 있을 법한 상황을 설정한 후 재치 있게 묘사해 공감을 이끌어내는 하이퍼리얼리즘 콘텐츠를 선보인다.

다. 이들이 만든 캐릭터들이 펼치는 연기를 보며 우리가 "맞아 맞아, 딱 저래"라며 고개를 끄덕이게 되는 이유도 여기에 있다.

관찰이라는 체에 걸러진 인물과 에피소드가 재미있는 코미디 가 될 거란 확신이 들면, 이내 대본이 만들어진다. 방송으로 나 가는 코미디는 수많은 스태프와 각종 장비 등이 어우러져 완 성되는 '약속의 예술'이기 때문이다. 이때 약속이란 정해진 시 간, 즉 '타이밍'이다. 아무리 웃긴 이야기라도 타이밍이 맞아떨 어지지 않으면 방송에서는 웃기지 않을 때가 허다하다. 카메 라 컷이 자신에게 넘어오지도 않았는데, 재미있는 멘트나 표 정을 마구 날리면 되겠는가. 방송판에 "카메라를 잘 잡아먹으 라"라는 말이 있듯, 카메라를 제때 잘 '잡아먹을' 줄 알아야 훌 륭한 방송 코미디언이 된다. 그래서 방송을 하는 코미디언에게 는 '칠 때를 정확히 아는', 즉 타이밍을 잘 파악하는 능력이 중 요하다. 방송쟁이들은 이를 '호흡'이라고도 부른다.

호흡은 공개 코미디에서 더욱 중요한 요소다. 고심해서 준비 한 회심의 코미디 펀치 라인으로 관객들을 포복절도하게 하는 데 성공했다면, 그 후에는 여유 있게 반응을 즐겨야 한다. 공 개 코미디에서는 무엇보다 관객과의 상호작용이 중요하기 때 문이다. 웃을 틈을 충분히 주되, 그 사이에 호흡을 가다듬고 다 시 웃겨야 한다. 웃음이 오가는 짧은 행간에서 끌어올린 관찰의 결과물을 순간적 애드립을 통해 코미디로 승화할 수 있다면, 그건 코미디 신의 경지에 다다른 것과 마찬가지다. 그러나 이 관록은 절로 쌓이지 않는다. 오디오에 대한 이해 역시 마찬가지다. 다수의 출연자가 있는 상황에서 오디오가 겹치면 시청자는 그 코미디를 제대로 받아들이기 어려워진다. 이것은 공연장 코미디와 방송 코미디 간 큰 차이점이기도 하다. 이런 능력은 보통 코미디언 개개인의 타고난 감에 좌우되기도 하지만, 대부분 꾸준한 훈련을 거쳐야만 만들어진다.

그렇다면 관찰력이 뛰어난 코미디언에 의해 만들어진 코미디가 적확한 타이밍과 만나면 코미디가 완성될까? 하나 더 짚고 넘어갈 부분이 있다. 같은 이야기라도 왜 코미디언이 말하면 더 재미있을까 생각해본 적이 있다면 답은 의외로 간단하다. 아마 타고난 표현력의 차이 때문일 것이다. 나는 이것을 '과장하는 능력'의 차이라고 본다. 관찰한 결과물을 그대로 표현하면 다큐가 되지만, 흥미롭게 잘 과장해서 표현한다면 그것이 바로 코미디가 되는 게 아닐까. 그렇기에 잘하는 코미디언은 '오버쟁이'다. 자기만의 색이 들어간 과장에서 나오는 코미디는 누군가 대신하기 어렵다. 다른 사람이 하면 그 맛이 떨어지기 마련이다. 정리하자면, 타인에게 공유하고 싶을 정도로 재미있게 관찰한 일상의 에피소드를 흥미진진하게 과장해서 적확한 타이밍에 표현했을 때 비로소 좋은 '방송 코미디'가 완성된다. 이때 적절하게 MSG를 치는 기술은 코미디를 더욱 코미디답게 만든다.

요즘이야말로 코미디하기 어려운 시대다. 많은 인기를 누리던 지상파 방송사들의 공개 코미디 방송은 사라진 지 오래고, 소수의 프로그램만 남아 코미디 간판을 내걸고 명맥을 유지하는 중이다. 많은 코미디 프로그램이 사라진 건 어쩌면 시대의 변화에 따라 예정된 결과이기도 하다. 이제 더는 남을 불편하게 하거나 깎아내리는 식의 코미디는 통하지 않는다. 이전의 코미디가 전부 그랬던 것은 아니지만, 불편한 웃음이 많이 존재했던 것 또한 사실이니까. 일각에선 "코미디는 코미디일 뿐"이라고 말하기도 하지만, 우리가 선보이는 코미디 때문에 설사 단 한 명의 시청자라도 불편할 수 있다면 그것은 이미 좋은 코미디가 아닐 것이다.

그럼에도 코미디언의 활약은 여전히 눈부시다. 각종 버라이어티와 토크쇼 등 지금 시대의 시청자가 즐겨 보는 여러 예능 프로그램의 주축이 바로 코미디언이다. 그렇지만 나는 본연의 코미디 프로그램을 더 보고 싶고, 만들고 싶다. 앞으로 코미디 프로그램은 어떤 방향으로 나아가야 할까?

내가 연출을 맡았던 넷플릭스 코미디 스페셜 ‹셀럽은 회의 중〉,[4]은 '셀럽파이브[5]가 평소 저렇게 대화하고 회의하겠구나'라는 상상 가능한 공감을 끌어내고자 기획한 콘텐츠였다. 제작하는 내내 셀럽파이브와 자연스러운 웃음에 대한 고민을 가장 많이 한 콘텐츠이기도 했다. 더욱이 요즘 시청자들은 가식적이거나 연출된 모습을 원하지 않는다고 생각했기에 '페이크 다큐멘터리(fake documentary)'[6]라는 형식을 차용해 좀 더 리얼리티에 가까운 모습을 엿볼 수 있게 했다. 이 작업을 돌이켜

4
약 55분 분량의 넷플릭스 오리지널 코미디쇼로 1부작으로 구성되어 있다.
넷플릭스에서 스탠드업 코미디쇼를 제안받은 '셀럽파이브' 멤버들이
모여 회의하는 것이 기본 설정. 코미디쇼 무대에 오르기 전에 미리 모여서
아이디어를 구상하는 과정에 코믹을 가미해 페이크 다큐 형식으로 그렸다.

5
여성 코미디언 송은이, 김신영, 신봉선, 안영미로 이루어진 4인조 프로젝트
걸그룹. 2018년에 모바일 방송국 '비보티비(VIVO TV)'가 제작한
웹예능에서 결성되었다. 일본 오사카 부립 도미오카 고교의 TDC(Tomioka
Dance Club)의 콘셉트에서 모티브를 얻었으며, 일본 거품경제 시기의
복고풍 패션과 메이크업, 맨발 댄스가 화제가 되었다. 원래 계획은 한 차례
스페셜 무대를 가지는 정도였으나, 인기에 힘입어 정식 음원 발매는 물론
'셀럽파이브'라는 이름으로 다양한 방송 활동을 이어가고 있다.

6
'가짜의'라는 뜻의 '페이크(fake)'에 '다큐멘터리(documentary)'를 합친
말로, 연출된 상황극을 다큐멘터리 기법으로 촬영해 마치 실제 상황처럼
보이도록 제작한 영상 장르이다. 나아가 특정 주제를 풍자와 해학을 담은
코미디나 패러디로 표현하기도 한다. '조롱하다'라는 뜻을 가진 단어
'mock'을 더해 '모큐멘터리(mockumentary)'라고도 불린다.

보건대, 앞으로의 코미디는 자연스러움을 보여주는 방법을 고민하는 동시에 새로운 형식과 끊임없이 결합해야 하지 않을까? 그러면서도 표현 방식이 보는 사람에게 불편함을 주지 않아야 한다.

다소 뻔한 결론일지 모르겠지만, 어려울 때마다 '기본으로 돌아가자'고 말하는 것처럼 코미디도 마찬가지라는 생각을 해본다. 코미디언과 코미디를 제작하는 사람들은 시대와 사회의 변화를 받아들이고 이해하는 일부터 시작해야 한다. 그래야 기본으로 돌아가 다시 일어날 수 있다.

코미디를 만들면서 가장 많이 던진 질문이 있다. "우리만 재미있어?"라는 바로 그 물음. 결국 모두가 공감할 수 있어야 진짜 코미디다. 코미디는 항상 우리 주변에 있고, 일상 속의 공감에 바탕을 두고 있다. 이 사실을 잊지 않는다면, 코미디는 계속 우리 주변에 머무를 것이다. 그 어느 때보다 유쾌하고 즐겁게.

김주형은 1977년에 태어났다. 1996년 고려대학교에 입학해 전기전자공학을 전공한 후 고려대학교 언론대학원을 졸업했다.

—

2003년 SBS 공채 11기로 입사해 PD의 길을 걷기 시작한 그는 4년 뒤인 2007년, 〈개그대축제〉, 〈웃찾사〉 조연출로 처음 코미디의 세계에 입문한다. 이후 〈런닝맨〉, 〈인기가요〉, 〈가요대전〉 등의 프로그램을 연출했으며, 2015년에는 중국판 〈런닝맨〉인 중국 저장위성TV 〈달려라 형제〉 시즌 2-3의 한국 측 총감독을 맡아 시청률 5퍼센트 돌파의 역사를 썼다.

—

2016년 〈런닝맨〉 연출을 끝으로 SBS에서 퇴사한 후 제작사 '컴퍼니상상(현 스튜디오 가온)'에 합류, 넷플릭스 오리지널 〈범인은 바로 너!〉, 〈박나래의 농염주의보〉, 〈이수근의 눈치코치〉, 〈셀럽은 회의 중〉 등을 연출했고, SKY TV 〈위플레이〉, Lifetime 〈파자마 프렌즈〉, 유튜브 〈김종민의 뇌피셜〉 등의 프로그램을 기획 및 연출했다. SBS '최고 프로그램상', '시청자 최고 인기상', 숨피 어워즈(Soompi Awards) 'Best Variety Show' 부문을 수상했다. 다방면에 관심이 많아 앞으로도 코미디와 버라이어티를 오가며 프로그램을 만들어 나갈 계획이다.

**Youngchul
Kim**

Seoul

김영철

04

김영철은 1999년 KBS 공채 14기로 데뷔해 공개 코미디부터
펼쳐왔다. 23년 차 코미디언이자 영어를 강점으로 내세워 자
그리고 성실함으로 여태껏 달려올 수 있었다고 회상한다. 최
미디언으로서 다양한 활동을 예고했다.

프로그램, 라디오, 영어책 집필까지 쉬지 않고 왕성한 활동을

터를 만들어온 그는 특유의 낙천적 성격과 한결같은 꾸준함,

꿈꿔왔던 미국 활동에 본격적으로 도전장을 내밀고, 글로벌 코

꿈꾸는 사람은 실패하지 않거든요

서울시 용산구 한남동 B미디어컴퍼니 사무실,
2022년 5월 2일 오전 10시 30분

좋아하는 일을 하기 위해 아침형 인간이 되다

오늘도 아침 7시부터 9시까지 생방송으로 라디오를 진행했어요. 라디오를 시작한 지 7년째니 규칙적인 아침 패턴이 확실히 자리 잡았을 듯하네요.

5시 50분이면 일어나요. 10분 정도 뒤척이면서 인스타그램을 좀 보다가 6시부터 준비를 시작해서 6시 20분에는 집 밖으로 나오죠. 사실 올해 초 «변화의 시작 5AM 클럽»을 읽고 5시에 일어나보려고 몇 주 노력했는데 장렬하게 실패했어요. (웃음) 아침 5시에 일어나서 6시에 출근하기 전까지 1시간 동안 '운동, 공부, 신문 읽기' 세 가지를 20분씩 돌아가면서 하는 루틴을 권하는 책이거든요. 5시에 일어나려면 늦어도

전날 밤 9시에서 10시 사이에는 자야 되는데, 저녁이 있는 삶을 좀 누려볼까 싶으면 잠자리에 들어야 하니 쉽지 않더라고요.

생방송 라디오를 시작하기 전에 하는 루틴 같은 것도 있나요?

매니저가 운전하는 차에 타는 6시 20분부터 방송국에 도착하는 6시 40분까지 20분 동안 전화 영어를 해요. 매일 정해진 시간과 장소가 있다 보니 꾸준히 시도하기 좋거든요. 아침 라디오를 시작한 이후 쭉 해오는 루틴이에요. 무엇보다 아침에 말을 좀 해줘야 목이 풀려요. 예전에 너무 피곤해서 건너뛴 적이 한 번 있었는데, 방송에서 자다 깬 코맹맹이 목소리가 바로 나와버렸죠.

영어 실력도 유지하고 목도 풀고, 일석이조네요. 아침 출근길 모습이 상상됩니다.

공식 석상에서는 6시 50분에 라디오 부스에 도착해서 10분간 신문 헤드라인을 본다고 답하긴 하는데…. (웃음) 작가들과 수다도 떨면서 몸을 조금 풀고 라디오 부스에 들어가요. 올해가 라디오를 한 지 7년째인데 신기하게도 7시부터 9시까지 2시간이 순식간에 지나가 있죠. 전

라디오가 여전히 좋고 재미있어요. 이렇게 좋아하는데
빨리 좀 시켜주지!

예전에도 아침형 인간이었나요?

오히려 반대였어요. 아침잠이 많고 게을렀죠. 제가
부지런해진 건 2003년 캐나다 몬트리올에서 열린
코미디 페스티벌에 다녀온 이후예요. 영어 공부를
해야겠다는 자극을 받고 한국에 돌아와서 영어학원
아침반을 등록했죠. 직장인이 아니니까 아침 시간을
비교적 자유롭게 쓸 수 있었고, 저녁에는 친구들과 만나고
싶었거든요. 그때도 지금도 하루를 비교적 길게 보내는
편이에요. 밤에 누우면 30초 만에 잠들 때도 있어요.
대신 새벽에 한두 번쯤 깨긴 하네요.

다음 날 아침 일찍 생방송이 잡혀 있기 때문이겠죠?

중요한 약속은 알게 모르게 몸에 긴장을 주잖아요.
친분이 있는 의사에게 새벽에 자꾸 깬다고 고민을
토로했더니 다음 날 아침 생방송이 있는데 안 깨는 것도
이상하다며 그냥 두세 번 깬다고 생각하고 자라더군요.
다행히 깨도 바로 다시 잠들어요. 처음에는 푹 못 자는
것 같아 스트레스를 받았는데 지금은 역으로 즐기려고

마음먹었어요. 새벽 2시-4시 사이에 딱 깼는데 시계를 확인하고 안도하며 스르르 다시 잠들 때 얼마나 행복한데요. 시간을 벌었다는 생각까지 들고.

올해 2월 말에는 《울다가 웃었다》라는 에세이도 출간했어요. 인스타그램에서 김이나 작사가가 이 책을 리뷰하며 마지막 문단에 쓴 문구가 인상적이었습니다. "김영철은 투머치다(X), 김영철은 충만하다(O)"

저도 기억해요. 투머치가 아니라 충만이라니, 작사가는 역시 다르구나 싶었어요. 편집자가 보내준 피드백 중에 이 말도 무척 좋았습니다. "그의 글재주가 입담으로 옮겨간 것일까, 그의 말재주가 글로 옮겨간 것일까." 글과 말을 동시에 칭찬받는 기분이었달까. 주변에서 "네가 다 쓴 게 맞냐?"라는 이야기도 들었지만요. 이거 칭찬 맞죠? (웃음)

감정과 생각을 진솔하게 꺼내야 한다는 면에서 에세이는 부담이 가는 장르일 수도 있잖아요. 에세이를 써야겠다고 생각한 계기가 있었나요?

출판사 편집자가 먼저 제안을 줬어요. 제가 하는 라디오도 듣고 〈세바시(세상을 바꾸는 시간, 15분)〉[1]에 출연한 영상도 봤는데, 〈아는 형님〉[2]에서 "나는 꼴등이다!"라고 말했던 모습이 기억에 남았다고 하더라고요. 우리는 보통 1등 이야기만 들으려고 하거나 가만히 있으면 중간은 간다고 생각하잖아요. 누가 자기 자신을 가리켜 "이 회사에서 실적이 가장 안 좋은 사람이 접니다!"라고 말하겠어요? 그런데 제가 〈아는 형님〉에서 꼴등을 하고 나니 녹화가 오히려 편해졌다는 메시지를 던진 걸 보고 '이거다!' 싶었대요.

바로 쓰겠다고 대답했나요?

사실 바로 '예스!'였는데 고민하는 척을 좀 했죠. (웃음) 제안받는 순간 제 머릿속에는 이미 책에 담아야 할 내용이 줄줄 나왔어요. 〈아는 형님〉 꼴등, 꿈, 미국 진출, 실패, 가족⋯. 쓰면서도 이제 에세이를 쓸 때가 되었나보다 싶었던 게, 오래전 먼저 세상을 떠난

1   2011년부터 CBS에서 방영된 강연 프로그램. 전 세계에 강연 열풍을 일으킨 테드(TED)와 비슷한 형태로, 주로 힐링, 사회적 치유, 소통, 지식을 나누는 한국의 대표 강연 프로그램으로 자리 잡았다. 교수, 체육인, 의사, 배우, CEO, 문학가, 영화감독, 유튜버 등 각계각층의 강연자들이 삶의 경험과 통찰을 압축해서 15분 내에 전달한다.

2   2015년부터 방영된 JTBC의 토요 예능 프로그램. 학교 교실을 배경으로 고정 출연자들에게는 재학생, 게스트에게는 전학생이란 설정을 부여하여 상황극과 퀴즈·게임·콩트·대결 등을 펼친다. 게스트와 출연자가 모두 학교 친구라는 설정하에 반말을 주고받으며 재미있는 상황이 연출되는 것이 특징. 현재 고정 출연진은 강호동, 이상민, 서장훈, 김영철, 이수근, 김희철, 민경훈, 이진호다.

형 이야기가 소설 «달러구트 꿈 백화점»³과 연결되면서 자연스럽게 풀리더라고요. 편집자가 매주 두 편씩만 써보자고 제안했는데 그게 신의 한 수였어요. 숙제하는 마음으로 두 편씩 성실히 쓰다 보니 책이 나왔네요.

3   잠이 들어야만 입장할 수 있는 세계를 배경으로 펼쳐지는 판타지 소설. 그중 가장 인기 있는 장소이자 온갖 꿈을 모아 판매하는 달러구트 꿈 백화점에서 벌어지는 이야기가 주요 내용이다. 2020년 7월 1권이, 다음 해인 2021년 7월 2권이 출간되었으며 1, 2권 통합 100만 부를 판매하는 등 베스트셀러 자리에 올랐다. 이미예 작가의 첫 작품으로 텀블벅에서 첫선을 보인 후 출판사와 계약, 전자책과 종이책을 연달아 출간하며 화제를 모았다.

나는 어떤 일을 시작하거나 새로운 길을 갈 때, 헤매거나 벗어나지 않고 곧장 목적지에 도착하는 걸 선호해왔다. 누구에게 휩쓸리는 걸 경계한다. 나의 직업은 유연하게 대처하는 순발력이 필요한데, 나는 잘하려고 애쓰다 보니 늘 경직되어 있었던 것 같다.

그런데 가끔은 휩쓸려가는 것도 좋다. 평생 갈팡질팡 헤매고 휩쓸리기만 한다면 문제가 있겠지만, 가끔 휩쓸려가는 건 괜찮다. 나는 앞으로 여행을 가든, 일을 하든, 친구를 만나든, 가보지 않은 곳으로도 가보려 한다.

사람에게서 배운다

책에서 인상 깊었던 부분이 가장 마지막 페이지에 있는 '인물
색인표'였어요. 마치 지금의 김영철을 만든 사람 모음집
같았달까요. 그중 가장 많이 언급된 인물이 어머니인데,
코미디언의 DNA도 어머니한테 물려받았다고요?

제 삶의 모든 방면에서 가장 큰 영향을 준 사람이
어머니예요. 일단 외가 쪽이 다 마이크를 잡는 기질이
있어요. 제가 두 살 때 돌아가신 외할머니는 늘 동네
사람들을 몰고 다니셨고, 외삼촌들도 농협 조합장,
수협장, 이장까지 '장' 타이틀을 달고 계셨거든요.
어머니는 분위기를 육감적으로 파악하고 살리는
스타일이에요. 눈짓 하나로도 사람을 웃길 수 있죠.

장내를 사로잡는 카리스마와 리더십도 있고요. 제가 의외로 사건·사고가 없는 코미디언인데, 그것도 어머니의 영향이 컸어요. 남의 비밀 이야기는 절대 전하지 말라는 가르침 덕분에 투머치할지언정 언제나 제 이야기를 많이 꺼냈고, 어려서부터 거짓말을 하지 말라고 배워서인지 지금도 매사에 무척 솔직한 편입니다.

남을 웃기는 자질을 물려받은 동시에 삶의 원칙도 배운 셈이네요. 코미디언이 된 이후 영향을 많이 준 사람으로는 누구를 꼽고 싶나요?

감사한 인연이 많은데 송은이 씨와 강호동 씨, 두 분을 빼놓을 수 없어요. 강호동 씨는 TV에서 와일드하게 보이지만 무대 뒤의 모습은 완전히 달라요. 하루는 녹화 중에 저를 불러서 이렇게 말하더라고요. "영철아, 네가 워낙 잘하니까 공간을 채워야 한다는 부담이 있을 텐데 게스트의 입에서 나와야 하는 말이 있잖아. 그때는 기다려줘야 해. 우리는 끌어주는 역할이니까. 우리 영철이 진짜 잘했는데 그거 하나만 딱, 알았지?" 사람 많은 데서가 아니라 단둘이 있는 곳에서요. 듣는 사람을 배려하면서도 정확하게 메시지를 전달하는 법을 아는 방송인이에요.

조언을 건넬 타이밍과 환경을 잘 캐치하는 타입이군요.

부드러운 카리스마와 매너를 갖췄죠. 송은이 씨는 후배들에게 관심이 많고 칭찬도 아끼지 않는 스타일이에요. 오래전에 송은이 씨와 함께했던 프로그램에서 카메라를 놓친 적이 있어요. 요즘이야 녹화장에 카메라가 여러 대 놓여서 그럴 일이 없지만, 예전에는 스튜디오 녹화에 달랑 세 대의 카메라만 있기도 했거든요. 카메라가 돌아갈 때 딱 맞춰서 개인기를 보여줘야 하는데, 제가 "미안합니다~" 하고 성대모사를 하는 타이밍이 카메라와 안 맞았던 거죠. 저보다 더 안타까워하던 송은이 씨가 몇 분 후 카메라가 다시 들어오는 순간 옆에서 외쳐주더라고요. "영철아, 이때야!"

옆에서 디렉팅을 해준 걸 보면 송은이 씨는 그때부터 기획자의 면모가 있었네요.

제가 어떤 부분을 잘 못 살려도 "영철아, 거긴 조금 아쉬운데 다른 부분은 정말 괜찮았어. 어차피 거긴 편집될 것 같으니 다른 부분을 살릴 수 있을 거야"라며 상황도 분석해주고 심리적인 안정감도 줬어요. 신동엽 씨도 특유의 긍정적인 기운으로 힘을 많이 줬고요. 제게 "네 결핍이 너를 여기까지 이끈 동력"이라고 이야기해줬던 기억이 나네요. 박미선 씨, 이성미 씨, 정선희 씨… 선배들 이야기를 하자면 끝도 없어요. (웃음)

그들 덕분에 지금까지 올 수 있었다고 생각해요.

가능한 낙천적으로 생각한다

시간을 과거로 돌려볼게요. 고등학생 시절, 예민한 시기를 겪으면서 방송에 나오는 연예인을 꿈꿨다고 알고 있어요. 방송에 나오는 수많은 직업 중에 왜 코미디언이었나요?

사실 연예인이 되기 위해 할 수 있는 건 다 해봤어요. 먼저 탤런트 오디션에 나갔죠. 잘 생기지 않았더라도 감초 연기로 존재감을 보여줄 수 있잖아요. 그런데 1차 서류전형에서 자꾸 떨어졌어요. 2차, 3차까진 가야 카메라 테스트에서 연기력을 보여줄 수 있는데 기회조차 안 주어진 거지. (웃음) 그다음엔 가요제도 나갔어요. 주니어 가요제에 데모 테이프도 보내보고 KBS 부산 가요제 본선에도 진출했죠. 그러던 어느 날, 제 고등학교 친구 상호가 개그맨 시험을 보면 어떻겠냐고 묻더라고요. 그 말을 듣자마자 웃음기를 쫙 빼고 "내가 어딜 봐서 개그맨 하게 생겼냐?!"라고 정색했는데, 상호는 그 모습이 콩트 같기도 하고 정말 웃겼대요.

결국 그 제안을 받고 공채 개그맨 시험을 봤나요?

봤죠. 그런데 한 번에 합격하진 못했고, 세 번째에 합격했어요. 1994년 MBC, 1998년 MBC 공채 개그맨 시험에서 떨어진 후 1999년 KBS 공채 개그맨 시험에 합격했어요. 이후 〈개그콘서트〉가 생기면서 공개 코미디 무대에 올랐으니 빠르게 잘 풀렸던 셈이죠.

1994년부터 시험을 보기 시작해서 1999년에 합격했으니 그래도 5년 정도의 시간을 준비생으로 보낸 거잖아요. 어떤 동력으로 버텼나요?

계속 떨어지면 취직 준비를 해야 하니 마음이 급하긴 했는데, 그럼에도 제가 무대 체질이라는 확신은 있었어요. 학교에 다닐 때도 소풍 가서 사회를 본다거나 아무도 안 시켰는데 가요제를 만들어서 진행하는 등 마이크를 놓지 않았거든요. 그리고 묘한 긍정 기운이 늘 있어요. 아마 어머니에게 물려받은 DNA 같은데,

‘언젠가는 될 거야’란 마음이 언저리에 있었던 것 같아요.
1998년 MBC 공채 개그맨 시험은 최종에서 떨어졌는데,
그때 합격자 대자보에 제 이름이 없는 걸 보고 했던
생각이 지금도 기억나요.

어떤 생각이요?

‘내년엔 되겠네!’ 최종까지 왔다는 건 니어바이(nearby),
근처까지 왔다는 말이잖아요?

보통 최종까지 갔다가 떨어지면 안타까워하거나 낙심이 클 텐데,
무척 낙천적이네요.

타고난 기질인 것 같은데 웬만해선 낙관하는 편이에요.
약간 뜬구름 잡는 이야기나 상상하는 것도 좋아하고요.
저는 데뷔하는 순간부터 수상 소감을 준비했던
코미디언이에요. (웃음) 공채 개그맨 시험 합격 통지서를
받을 때 이미 그해 신인상을 받는 상상을 했죠. 결국
2000년에 백상예술대상 신인상을 받았고요.

신인 시절에는 어떤 캐릭터였나요?

지금도 그렇지만 그때도 ‘당당한 뻔뻔함’이 있었어요.

KBS 공채 개그맨 시험에 최종 합격했을 때 일화가 있어요. 14명을 최종으로 뽑았는데, 당시 IMF가 터지면서 상황이 안 좋으니 방송국에서 7명으로 줄이라는 주문이 떨어진 거죠. 그때 심사위원들이 왜 KBS 개그맨이 되고 싶은지 포부를 밝혀보라고 했어요. 제 앞에 있던 분들은 모두 'KBS'를 엄청나게 강조했는데 저는 그게 식상하더라고요. 그래서 이렇게 말했죠. "방금 전 이 자리에서 10년 뒤 제 모습을 그려봤습니다. 주병진, 이홍렬, 신동엽 선배님의 모습이 그 그림에 스쳐 지나갔습니다. 제 10년 뒤 모습, 기대되지 않나요? 참가번호 164번 김.영.철입니다."

그렇게 데뷔한 이후 무명 시절 없이 많은 활동을 해왔는데 슬럼프는 없었나요?

1999년에 데뷔하고 3년 차가 되었을 무렵 첫 슬럼프가 왔어요. 어떤 틀 안에서 매주 새로운 주제를 담아 보여줘야 하는데, 저는 매번 비슷한 성대모사와 흉내만 내고 있는 것 같았거든요. 프로그램도 시청률이 잘 나올 때가 있고 조금 주춤할 때가 있는데, 당시 〈개그콘서트〉가 약간 하향세를 그리면서 저도 같이 매너리즘에 빠졌던 것 같아요.

슬럼프가 왔을 때 사람마다 대처하는 방식이 다를 텐데 어떻게 했나요?

'나 이러다 울산 다시 내려가야 하는 건 아니겠지?'
생각한 적은 있지만, 코미디언을 그만두겠다거나
심각하게 우울하다고 느끼진 않았어요. 억지로
다짐하거나 기운을 내려고 애쓰기보다는 그냥 그날의
할 일을 하는 쪽으로 가닥을 잡았죠. 김연아 선수도
그랬잖아요. 스트레칭할 때 무슨 생각을 하냐고 물으니까
"무슨 생각을 해… 그냥 하는 거지"라고. 잠깐은 안
풀릴 수 있지만 이 상태가 영원히 가진 않을 테니까요.
낙천적인 성격 덕분에 슬럼프도 비교적 잘 넘어온 것
같네요.

개그는 호흡이다

2008-2009년경 KBS 〈해피투게더〉[4]에서 코미디언 이영자, 송은이 씨와 함께 출연한 에피소드가 레전드로 꼽혀요. 바로 옆에 앉아 있던 이영자 씨 흉내를 내다가 응징을 당하잖아요. 꽤 오래전 에피소드인데 지금도 유효한 웃음을 줄 수 있는 이유가 무엇이라고 생각하나요?

소재도 표현도 좋아야 하지만, 무엇보다 같이하는 사람들과의 합이 중요해요. 개그는

4　　　KBS2의 간판 예능이자 지상파 최장수 예능 프로그램으로, 2001년부터 2020년까지 방영되었다. 토크 예능 콘셉트를 기본으로 '쟁반 노래방', '보고 싶다 친구야', '사우나 토크', '야간 매점' 등 시즌별 형식을 달리했다. KBS 연예대상에서 시청자가 뽑은 최고의 프로그램상을 수상했으며, MC였던 신동엽, 유재석에 대상을 안겨주는 등 오랜 기간 많은 사랑을 받았다. 요즘의 직설적이고 독한 예능 트렌드와는 달리 편안한 웃음을 주는 '착한 예능'을 표방했다.

박자거든요. 당시 에피소드도 영상을 보면 알겠지만, 이영자 씨가 거의 다 살렸어요. 서두르지 않으면서 제가 흉내 내는 걸 들어주다가 마지막 타이밍에 기가 막히게 치고 들어온 거죠. 옆에서 다른 코미디언들이 부채질도 적절하게 해주고. 사람들이 계속 봐도 웃기다고 하는 데엔 다 이유가 있어요. 아무리 좋은 아이디어를 가져와도 상대가 받아주지 않으면 아무 소용이 없거든요.

캐릭터도 잘 맞아야 하고, 현장의 분위기도 중요하지 않을까 싶은데요.

맞아요. 개그가 터지는 맥락도 중요하죠. 제가 워낙 이영자 씨 흉내를 많이 내고 다녔잖아요. 그러다 그날은 세트장에서 둘이 실제로 만난 거죠. 쥐가 고양이 앞에서 이실직고하는 날이라 눈치를 보면서 흉내를 냈는데, 그게 더 웃긴 상황을 만들어줬어요.

당신과 프로그램을 함께하는 사람들 중 잘 맞는 캐릭터는 누가 있나요?

잘 맞는다는 게 두 가지 의미가 있어요. 코미디언 서경석, 이윤석 씨 콤비처럼 딱 봐도 잘 맞는 파가 있고, 티격태격하며 서사의 흐름을 만들어 나가는

실제 이야기에 살을 보태다 보면, 부풀려 말한 게 들통날 때도
있다. 그럴 때는 '웃기려고 그랬어'라고 즉시 사죄하면 된다.
단, 없는 이야기를 억지로 지어내면 안 된다. 그건 반칙이다.
허언을 계속하다 보면 허언증에 빠질 위험도 있고. 물론 너무
부풀리면 상대가 어색해하거나 불편해할 수 있으니, 적당한 선을
지키는 건 필요하다. '적당한 선을 지킨 농담'을 나는 '매너와
위트를 갖춘 침소봉대'라 부른다. 생각해보자. 살짝 부풀려
생각하고 말할 때 인생이 즐거워지지 않나? 조금 부풀려진 귀여운
농담 속에 일상을 회복하는 힘이 있다고 믿는다.

파가 있죠. 어떻게 보면 저와 강호동 씨의 호흡은
후자예요. 〈아는 형님〉 영상을 보면 "강호동이 김영철
진짜 싫어하는 것 같다"는 댓글이 달리는데, 저희는
"우리 작전이 성공했다"라고 말해요. 제 말을 끊는
것처럼 보이도록 하는 게 〈아는 형님〉에서 강호동 씨가
제 캐릭터를 조련하는 방식이고, 그러면서도 이수근
씨와의 관계로 가면 강호동 씨가 꼼짝 못 하기도
하잖아요. 팀 플레이에서는 사람마다 다르게 세팅되는
관계에서 나오는 박자와 호흡이 중요해요. 이것들이 잘
맞아떨어져야 전체적인 균형이 유지되고요.

코미디를 하다 보면 '적정선'을 고민하는 순간도 있을 텐데요.
에피소드를 희화화하는 과정에서 이것만큼은 꼭 지켜야 한다고
정해둔 기준도 있나요?

23년간 코미디를 해오면서 선을 지키지 못해 실수한
적은 거의 없었던 것 같아요. 신인 시절에 들었던
이야기인데, 이홍렬 선배님이 "못 웃길 것 같으면 아예
정석대로 가라"라고 말씀하셨거든요. 뭔가 불안해지는
지점이 있다 싶으면 아예 건드리지 않아요. 멘트의
적정선을 넘나들며 짜릿한 웃음을 주는 코미디언들도
분명히 있지만, 저는 원래부터 그런 스타일은
아니었어요.

자기 자신에 대한 객관화가 캐릭터를 잡아가는 데도 도움이
되겠네요.

> 저는 전천후 공격수는 아니에요. 오히려 놀림당해야 더
> 살아나는 캐릭터죠. 〈아는 형님〉 작가도 그러더라고요.
> "너는 공격하지 마. 그냥 웃어줘. 웃다가 나중에 그만들
> 하라고 소리 한번 질러." 놀림당하면서도 꿋꿋하게, 또
> 노잼이어도 당당하게 웃음을 잃지 않는 게 요즘의 제가
> 깨달은 코미디언 김영철의 캐릭터라고 할 수 있겠네요.

어딘가 관록이 느껴지는 멘트예요. (웃음)

> 하루아침에 이렇게 마음을 먹을 수 있었던 건
> 아니었어요. 사실 10년 전쯤 〈강심장〉[5]에 출연할 때만
> 하더라도 무척 조급했어요. 밖에서 볼 땐 화려한
> 전성기였지만 당시의
> 저는 나무밖에 못 보는
> 사람이었죠. 전체를 보지
> 못하니 제가 생각한 분량
> 이상으로 편집되면 마음이
> 불편했어요. 지금은 알아요.
> 제가 못 살렸거나 상황상
> 편집이 되어야 해서 빠졌

5   2009년부터 2013
년까지 SBS에서 방송된 예능
프로그램. 강호동과 이승기가 공동
진행하는 첫 토크쇼라는 점에서
화제를 모았다. 매회 20여 명의
게스트가 출연하여 토크 대결을
벌인다. 토너먼트식으로
방청객들의 더 많은 지지를 얻은
출연자가 토크 승자로 결정되며,
최종 우승자가 그 회의 '강심장'이
된다.

다는 걸. 함께 프로그램을 만들어가는 사람들이 있기에 지금의 제가 존재할 수 있는 건데, 그때는 왜 몰랐나 싶어요. 10년 전의 저에게 조언을 해줄 수 있다면 "제발 숲을 좀 보라"라고 말해주고 싶네요.

호흡이 잘 맞는다는 점에서 보면 〈아는 형님〉과 〈김영철의 파워FM〉을 빼놓을 수 없어요. 두 프로그램 모두 몇 년째 롱런하고 있잖아요. 롱런의 비결을 뭐라고 생각하나요?

〈아는 형님〉은 안 맞는 듯 잘 맞는 멤버들의 묘한 호흡 덕분에 롱런할 수 있는 것 같아요. 멤버 교체 없이 합을 맞춰온 시간의 힘을 무시할 수 없달까요? 덕분에 JTBC 에서도 상징적인 예능으로 자리를 잡았죠. 〈김영철의 파워FM〉은 제작진들이 제가 잘할 수 있는 구성을 만들어줬어요. 타일러 씨와는 영어 배우는 코너를 하고, 다른 고정 게스트와는 콩트를 선보이는 코너를 하면서요. 그간 코미디를 하면서 익힌 스킬들을 라디오에서 많이 사용하고 있죠. 물 만난 물고기처럼 잘 놀면 되는데 여기에 제 가장 큰 장점인 부지런함까지 더해지니 좋은 결과가 뒤따랐어요. 라디오라는 매체를 워낙 애정하기도 하고요.

꿈꾸는 사람만이 가질 수 있는 힘을 믿는다

최근에는 오랫동안 꿈꾸던 미국 무대에 진출했어요. 〈서울 헌터스 (Seoul Hunters)〉[6]라는 파일럿 프로그램에 출연했다고요.

아무도 저를 모를 거라고 생각하고 떠났어요. 그런데 막상 촬영을 시작하니 〈아는 형님〉도, 제가 냈던 음원 〈따르릉〉, 〈안 되나용〉도 스태프들이 다 알고 있더라고요. 제 이야기를 잘 들어주면서 편하게 하라고 긴장도 많이 풀어줬죠. 제가 메인 호스트 중 하나였는데, 호스트를 무척 존중해주는 문화라고 느꼈어요. 모든 일이 그렇듯 첫술에 배부를 순 없지만 이

6   워너미디어그룹 계열 '트루티비(TruTV)'의 코미디 파일럿 프로그램. 관찰 카메라를 설치한 뒤 유령을 잡는 콘셉트로 출연자를 놀라게 하는 '깜짝 카메라' 형식을 차용한다.

| 무대가 또 다음을 위한 디딤돌이 되리라 생각해요.

당신을 캐스팅한 이유가 무엇이라고 하던가요?

| 한국계 미국인 배우 캐시 심(Cathy Shim)[7]이 각본을 쓰고 그의 남편 로버트 벤 가랜트(Robert Ben Garant)[8]가 연출하는 코미디쇼인데, 다른 사람들은 영어가 완벽하니 진짜 서울 사람을 하나 더 찾아보기로 한 거죠. 미국에 있는 에이전트 담당자가 제가 캐스팅될 것 같다고 하면서 '영어, 코미디언, 아시안, 서울'을 검색어에 넣으면 제가 알고리즘에 걸릴 확률이 제일 높지 않겠냐고 하더라고요. (웃음) 그간 영어를 연습해오면서 '영어 잘하는 코미디언'으로 캐릭터를 잡아온 노력이 빛을 발했죠.

영어로 코미디에 도전한 것이

7   1980년생. 한국계 미국인 배우, 코미디언, 프로듀서. 대한민국에서 태어나 세 살 때 미국으로 이민을 갔다. ‹르노 911! ‒ 마이애미(Reno 911!: Miami)›, ‹L.A. 걸캅스(L.A.’s Finest)›, ‹운명의 하루(The Sun Is Also a Star)› 등 다양한 TV쇼 및 영화에 출연했다.

8   1970년 미국 테네시주 출생. 영화감독, 각본가, 영화배우. 1990년대 초 스케치 코미디 TV 시리즈 ‹더 스테이트(The State)›에 출연해 활동했다. 대표작은 ‹박물관이 살아 있다(Night at the museum)›, ‹패시파이어(The Pacifier)›, ‹르노 911! ‒ 마이애미›. 오랜 동료이자 각본가 토머스 레넌(Thomas Lennon)과 함께 코미디 감각과 상상력을 갖춘 다양한 영화 대본을 썼다.

처음은 아니죠. 2016년에는 호주 멜버른에서 스탠드업 코미디 무대에 오르기도 했어요.

넌버벌 코미디(non-verbal) 팀 '옹알스'[9]의 소개로 무대에 올랐는데 엄청나게 떨렸어요. 신인으로 돌아간 기분도 들었고요. 호주 교민 대상이 아니라 현지 사람들을 대상으로 스탠드업 코미디를 했던 거라 대본도 열심히 만들고 미국 교포 친구에게 발음과 박자까지 교정받으면서 준비했어요. 무대에 오르기 전 너무 긴장해서 달달 외운 대사들을 빈 종이에 써봤는데, 다행히 대본과 똑같더라고요. 그때가 나름 17-18년 차 코미디언이었을 때인데, 대본을 까먹기라도 해봐요. 정말 치명적인 실수잖아요.

미국 진출에 대한 꿈을 종종 밝혀왔는데, 어쨌든 올해는 그 꿈이 이뤄진 거네요. 궁극적으로 꾸고 있는 꿈은 무엇인가요?

작년에 윤여정 선생님이 아카데미에서 여우조연상을 받고 수상 소감을 말씀하실

9 《개그콘서트》의 '옹알스'라는 코너에서 시작했으며, 비트박스와 마임, 저글링 등 언어를 사용하지 않고 오직 소리와 몸짓으로만 웃음을 자아내는 '넌버벌 퍼포먼스' 팀. 대사가 없기 때문에 남녀노소는 물론 전 세계 사람들에게 통한다는 강점이 있다. 2010년 한국인 최초 영국 에든버러 프린지 페스티벌 참가를 시작으로 스위스 몽트뢰 코미디 페스티벌 등 해외 유수 코미디 페스티벌에 초청되었다. 이후 한국과 해외를 돌며 2022년 현재까지 해외 23개국 47개 도시에서 공연을 펼치고 있다.

때 제 상상력에 또 불이 깜빡 들어왔어요. 2028년 에미상 (Emmy Awards)[10]에서 코미디 부문 남우조연상 후보에 오르는 모습을 저도 모르게 떠올리고 있더라고요. 후보에 오른다는 건 수상 소감을 연습해도 된다는 말이잖아요?

이미 수상 소감까지 생각해둔 것 같은데요. (웃음)

빨리 말할 수 있는 날이 왔으면 좋겠어요. 궁극적으로는 미국과 한국을 오가면서 활동하는 게 제 꿈이에요. 1년에 4-5개월은 미국에서, 나머지는 한국에서 활동하는 거죠. 〈아는 형님〉에서도 전학생 콘셉트로 등장하는 모습을 상상해봐요. "5개월 있다가 돌아올 텐데 그때 미국 친구 데려올 게!"라고 말하고는 전학생이 되어서 진짜 누군가를 데려오면 재미있을 것 같지 않나요?

꼭 데려오고 싶은 사람이 있나요?

리어나도 디캐프리오 (Leonardo Dicaprio)! 올해 4월 《포브스 (Forbes)》[11]와 인터뷰를 했거든요. 그때도 말했지만, 미국 에이전트와 줌 미팅을

10   미국 방송계 최고 권위를 지닌 상. 방송업계 관계자의 업적을 평가하기 위해 전미 텔레비전 예술과학 아카데미에서 설립했으며, 1949년 1월 25일에 초대 시상식이 열렸다. TV 방송의 장르가 다양한 만큼 시상식 또한 다양한 부문으로 나눠 연내 시기를 달리해 개최된다.

할 때 한 번 더 강조했어요. "나, 리어나도 디캐프리오와 동갑내기다. 누가 더 어려 보이냐? (웃음) 영화에서 디캐프리오의 극 중 아시안 베스트 프렌드 역할을 내가 꼭 하고 싶다." 이 말을 들은 에이전트 담당자가 호탕하게 웃더라고요. 부끄러운(shy) 기색 하나 없이 영어로 뻔뻔하게 포부를 밝히는 모습이 재미있었대요. 나중에 〈아는 형님〉에 저랑 디카프리오가 같이 나와서 이렇게 소개하는 모습을 또 상상하게 되네요. "알지? 이번에 나랑 같이 영화 찍었던 내 절친, 디카프리오라고 해."

당신에게는 '꿈'이라는 키워드가 무척 중요해 보여요. 사실 일정 나이가 되면 꿈이 뭔지 묻지 않잖아요. 꿈에 대해 이야기하는 일도 점점 줄어들고요. 나이와 상관없이 꿈을 갖는 일이 왜 중요할까요?

매번은 아니더라도 꿈은 이루어지기 마련이니까. 아까 제가 상상하는 걸 좋아하는 성향이라고 말했는데, 이왕이면 기분 좋은 상상을 자주 하려고 해요. 꿈꾸고 바라는 대로 인생이 조금씩 흘러가는 걸 지켜보는 게 재미있잖아요.

11　　　미국의 출판 및 미디어 기업. 1917년 금융 칼럼니스트인 B. C. 포브스(Bertie Charles Forbes)와 월터 드레이(Walter Dray)가 창간했다. 비즈니스, 투자, 기술, 기업가 정신에 대한 뉴스와 정보를 주로 다룬다. 격주마다 발간되는 경제지인 《포브스》지가 유명하다.

한편으로는 꿈을 이뤄가는 원동력과 추진력이 있었기에 지금의 코미디언 김영철이 있을 수 있다고 생각해요.

> 돌이켜보면 결핍이 많던 어린 시절도 영향을 미친 것 같아요. 고2 때 부모님이 이혼하고 아버지에게서 받은 상처, 고3 때 형이 교통사고로 먼저 떠나면서 느낀 사무치는 그리움…. 이렇게 생각하기까지 시간이 좀 걸렸는데, 요새는 아버지를 떠올리면 이런 마음이 들어요. 당신에게 받았던 아픔과 무서움이 나를 무대에서 뻔뻔하고 당당하게 설 수 있는 사람으로 만들었고, 당신의 냉정함과 차가웠던 마음이 나를 청취자의 사연에 더 귀를 기울이게 하는 사람으로 살게 했다고. 결국 저는 계속 꿈을 꾸고 이루기 위해 애쓰는 사람이 되었으니 결핍 덕분에 근사한 삶을 살고 있다는 생각도 드네요.

자기 자신을 사랑하는 방법을 터득한 사람 같아요.

> 자존감이 높은 사람이 되고 싶어요. 그래서 타인과 나를 비교하기보단 '내 마음에 더 귀를 기울이자'고 생각하는 편이고요. 마인드컨트롤도 중요한데, 저는 일희일비하면서도 슬픈 날에 대비해서 기쁜 날의 감정을 조금 아껴둬요. 예를 들면 경쟁 프로그램보다 시청률이 잘 나온 주에는 최대한 기뻐하되 그다음 주에는 질 수도

있다는 사실 또한 같이 받아들이는 거죠.

사실 나의 밝음과 유쾌함엔 나의 노력도 한몫했다.
나의 명랑은 수없이 노력하고 연습한 결과다.

내가 할 수 있는 걸 한다

누군가 코미디언을 꿈꾼다고 할 때 어떤 이야기를 들려줄 것 같나요?

> 말리고 싶진 않아요. 물론 안 웃기는 사람이 코미디언이 되고 싶다고 하면 고민해보라고 하겠지만, 끼가 있거나 나서는 걸 좋아하는 성격이라면 권해주고 싶은 직업이에요. 개인적인 직업 만족도는 최상입니다. 저는 나서는 걸 좋아하는 관종이라. (웃음)

코미디언이라는 직업이 갖는 장점은 무엇일까요?

> 코미디언은 아픔과 상처, 심지어 수치스러운

이야기까지도 꺼내서 말해야 하는 직업이잖아요. 미끄러져 넘어진 이야기처럼 쓸데없는 에피소드조차 더 실감 나고 웃기게 말하기 위해 고민해야 하고요. 그런데 오히려 쓸데없는 이야기를 쓸모 있게 말하다 보면 마음속에 응어리진 상처나 고민이 좀 옅어지기도 해요. 기분이 좋아지기도 하고요. 짜증, 분노 같은 부정적인 감정도 웃음으로 승화할 수 있다는 게 이 직업의 가장 큰 장점이라고 봅니다.

웃음을 주는 일이 직업이 되는 순간 생기는 부담도 있을 것 같아요. 매번 누군가를 웃기기란 쉽지 않은 일이잖아요.

어떻게 보면 참 냉정한 직업이죠. 만약 누군가 제게 "웃길래? 아니면 아침에 일찍 일어날래?" 하고 묻는다면 '일찍 일어난다'를 택할 거예요. (웃음) 이수근 씨처럼 웃음의 타율이 높은 코미디언을 보면 배가 아프기도 하지만 저는 제 방식으로 가야죠. 너무 잘하려고 애쓰기보다는 내가 할 수 있는 걸 하겠다는 마음을 잃지 않으려고 해요. 가끔 저를 보면서 웃음을 되찾았다거나 긍정의 기운을 얻었다는 이야기를 들을 때가 있는데, 그럴 때 코미디언이 되길 잘했다는 생각이 들어요. 자극적인 웃음보다 편안하고 따뜻한 웃음을 주는 코미디언으로 남고 싶고요.

몸과 마음의 건강을 챙기기 위해 특별히 하는 일이 있나요?

> 작년 10월부터 일주일에 네다섯 번 정도 영상 앱으로 요가를 해봤어요. 3개월 정도 명상 수업을 했던 것도 마음 건강을 챙기는 데 도움이 되었고요. 제 MBTI가 ENFJ인데, 평소에는 돌아다니면서 사람들을 많이 만나고, 일주일에 한 번 정도는 산책하거나 책을 읽으면서 혼자만의 시간을 보내죠. 이 시간이 은근히 몸과 마음의 균형을 잡는 데 도움이 되더군요.

체력은 타고난 편인가요?

> 쉽게 지치진 않아요. 물론 20-30대 시절과 비교하면 그때만큼 체력이 받쳐주진 않지만. 테니스도 꾸준히 치고 있고, 바지런히 움직이면서 체력을 유지하려고 해요. 거기다 성실함이 제가 잘 살아가는 비결이라는 걸 알아버려서 이제는 제 몸도 저한테 적응한 게 아닌가 싶네요. (웃음)

23년 차 코미디언으로 살아오면서 나를 나답게 만든 태도를 꼽는다면요?

> 연습과 성실함. 옛날엔 1등을 하는 게 중요했어요.

꿈꾸는 사람은 실패하지 않거든요

하지만 거친 야생과 같은 방송국에서 오래 활동하다 보니 살아남는 게 가장 중요하다는 사실을 깨달았죠. 저는 "Practice makes perfect"란 말을 자주 해요. 라디오를 할 때도 그렇고 평상시에 멘트 연습을 많이 하는 편이고요. 보기엔 즉흥적으로 보일 수 있지만, 여러 번 연습하면서 제 나름대로 과정을 설계해둔 덕분에 늘 비슷한 텐션을 유지할 수 있는 것 같아요. 애드리브에 기대지 않아야 애드리브가 더 잘 나옵니다.

김영철은 1974년 울산에서 태어나 자랐다. 1999년 KBS 공채 개그맨 14기로 코미디언의 길을 걷기 시작한 그는 데뷔한 지 6개월도 채 안 되어 〈개그콘서트〉의 원년 멤버로 합류해 성대모사와 각종 유행어를 만들어내며 인기를 얻었고, 2000년 에는 백상예술대상 코미디언 부문 신인상을 받았다.

—

KBS2 〈슈퍼 TV 일요일은 즐거워 - 출발 드림팀〉, SBS 〈강심장〉, MBC 〈리얼 입대 프로젝트 진짜 사나이 2〉, JTBC 〈아는 형님〉 등 내로라하는 예능 프로그램에 출연하며 존재감을 알리는 동시에 2003년 이후 꾸준히 공부해온 영어를 활용한 콘텐츠들을 선보이며 '영어 잘하는 코미디언'으로 자신만의 캐릭터를 만들었다.

—

KBS 2FM 〈사랑해요 FM〉, SBS 파워FM 〈펀펀 투데이〉 등 라디오 DJ로도 꾸준히 활약했으며, 2016년부터는 SBS 파워 FM 〈김영철의 파워FM〉의 DJ가 되어 동시간대 청취율 1위 자리를 고수하고 있다. 〈김영철의 파워FM〉은 2021년 제48회 한국방송대상 연예오락 라디오 부문 작품상을 받았다.

—

영어를 잘한다는 강점을 살려 미국에서의 활동을 계획해온 그는 2022년 워너미디어 산하의 케이블 채널 '트루티비'의 코미디쇼 〈서울 헌터스〉의 파일럿 프로그램에 출연하며 자신의 꿈에 한 발짝 다가서고 있다.

—

Instagram @*luxekim*

김영철
Youngchul Kim

"

대중들의 관심과 사랑을 받는 직업이다 보니 여러
종류의 피드백을 받곤 해요. 저를 오랫동안 지켜본
팬들의 소중한 피드백은 핸드폰에 캡처해서 가지고
다니면서 수시로 꺼내 볼 정도로 큰 힘이 되죠. 반면
"기분 나쁘게 듣지 말라"며 시작하는 조언들은 그리
달갑지 않아요. 배려해주는 척하면서 뭔가 더 깊숙이
찌르는 느낌을 받거든요. 듣기 좋은 말만 듣겠다는
건 아니지만, 만난 적 없는 사이인데 함부로 말하는
사람들을 볼 때면 개그로 받아치고 싶은 적도 많았는데,
요즘에는 제 마음을 더 챙기려고 해요. 나는 나를
어떻게 대했나, 나도 나에게 함부로 하지는 않았나
돌이켜보면서요.

"

Yuriyan
Retriever

유리양
레트리버

Tokyo

05

어려서부터 코미디언을 꿈꿔온 유리얀 레트리버는 요시모토

각종 개그 콘테스트에 참여해 이름을 알리며 자기긍정감의

와 드라마, 자국 및 미국의 코미디 콘테스트 등 다방면으로 도

미있고 흥미로운 일을 찾기 위해 최선을 다해야 한다고 강조

의 예능인 양성 학원 NSC 출신으로, 2013년 정식 데뷔 후
로 자리 잡았다. 지난 10년간 코미디뿐 아니라 버라이어티쇼
경쟁에서 이기는 것만이 전부가 아님을 깨달았다는 그는 재

사람을 웃게 하는 행위는 짜릿한 쾌락입니다

도쿄 자택에 있는 유리양 레트리버와 화상 인터뷰,
2022년 5월 19일 오후 9시

내게는 나만의 매력이 있다

3일 후에 있을 단독 공연 준비로 바쁘겠어요.

단독 공연을 정기적으로 하고 있어요. 1시간 30분에서 2시간 정도? 그간 만든 콩트나 만담을 선보이거나 관객과 토크를 해요. 그때그때 생각나는 우스갯소리를 이어가기도 하고요. 이번에 공연하는 장소가 루미네 더 요시모토(ルミネtheよしもと)[1]라는 극장이거든요. 배우 고야나기 루미코(小柳ルミ子)[2]의 이름을 빌려 '고야나기 루미네(小柳ルミネ)'[3]라는 타이틀을 붙였어요. 다양한

1   일본의 종합 연예기획사 요시모토 흥업이 운영하는 코미디 전문 극장. 2001년 문을 열었고, 458개의 객석을 갖추고 있다. TV 등에서 활약 중인 유명 코미디언들이 만담이나 콩트, 기획 라이브, 단독 라이브 공연을 연다.

각도에서 찍은 사진으로 포스터도 만들었고요. 여러 가지 일을 하고 있지만, 역시 무대 위에서 관객과 함께 호흡하는 시간이 가장 즐겁습니다.

올해 3월 오사카에서 열리기로 예정되었던 단독 공연 〈집념의 10년(執念の10年)〉이 안타깝게도 코로나19 때문에 개최 직전 취소되었다고 들었어요. 데뷔 10주년 기념에 여러모로 의미를 둔 작업이었을 텐데 상심이 컸겠어요.

공연을 하루 앞둔 밤이었어요. 리허설 중에 갑자기 열이 나서 어쩔 수 없이 모든 일정을 취소했죠. 기대가 큰 공연이었어요. '10'이라는 숫자가 일단 어감이 좋잖아요. 데뷔 5주년 기념 공연도 오사카의 같은 극장에서 했거든요. 데뷔하고 1년도 채 안 되었을 때는 동료들과 길거리에서 공연 티켓을 직접 팔았어요. "저기 죄송한데… 저기서 재미있는 공연을 하거든요.

2   1952년생. 일본의 엔카 가수이자 배우. 1970년대를 대표하는 가수로서도 뛰어난 활약을 펼쳤다. 1971년 싱글 〈나의 성 아랫마을(わたしの城下町)〉이라는 곡은 오리콘 주간 및 연간차트 1위에 오르며 약 135만 장의 음반 판매로 대성공을 거뒀고, 제2회 일본가요대상과 제13회 일본레코드대상에서 신인상을 받았다.

3   극장 '루미네 더 요시모토(ルミネtheよしもと)'와 표기가 일부 겹치는 배우 고야나기 루미코(小柳ルミ子)의 이름과 이미지를 덧대어 '고야나기 루미네'라는 가상의 이름을 만들었다. 유리양 레트리버가 유리양과 레트리버란 단어를 합쳐 탄생한 것과 같은 원리다.

시간 괜찮으시면…"이라고 하면 '얘네 뭐야?' 하는 얼굴로
지나치는 사람도, 대뜸 "그래? 그럼 뭐든 좋으니까 지금
바로 웃긴 이야기 한번 해봐" 하는 사람도 있었어요.
(웃음) 그렇게 한 장 한 장 티켓을 팔던 시절부터
응원해준 사람들, 방송에 나온 제 모습을 보고 흥미가
생겨 공연을 찾아와준 사람들 덕분에 10년이나 이 일을
계속할 수 있었다는 생각에 준비하면서부터 설렜는데,
설마 했던 코로나19로 하루 전에 취소가 되어버렸죠!

올해 안에 다시 공연할 계획은 없나요?

올해 연말까지 전국 투어를 하려고 일정을 조정
중이에요. 〈집념의 10년〉을 선보이지 못해서 투어로
대신하는 건 아니지만, 갑자기 공연이 취소되면서
상심하신 분도 많았을 테니… 그분들에게 반가운 소식이
되기를 바라면서 준비하고 있어요.

광고는 물론이고 각종 화보 촬영에 래퍼로서의 활약도
인상적이에요. 최근에는 드라마에서도 얼굴을 볼 수 있어
반가웠고요.

감사할 따름이에요. 최근에는 TBS에서 방영 중인 화요
드라마 〈지속가능한 사랑입니까?(持続可能な恋です

か?)〉에서 카리스마 요가 강사 미카코 역을 맡았어요. 랩은 초심자 코미디언들이 각자 프로 래퍼 선생님에게 배워 토너먼트 형식으로 프리스타일 랩 배틀을 진행하는 방송에 출연하면서 시작했는데, 그 후로 빠져들어서 요즘은 매일이 힙합입니다. (웃음)

랩 배틀 영상을 봤는데 보통 실력이 아니던데요?

프리스타일로 대결하다 보니 당장 머릿속에 떠오르는 말을 뱉게 되거든요. 그랬더니 온통 쓰레기 같은 말만 해서…. (웃음)

피아노 연주도 수준급이잖아요. 음악적 재능이 남다르다고 느껴요.

(부끄러운 듯 손을 내저으며) 아니에요… (いやいや, 이야이야) (갑자기 양손으로 V자를 그리며) 예이예이예~

하는 일이 많아서 잘 시간도 충분하지 않겠어요.

(심각한 표정을 지으며) 정말이지 너무 바빠서… 밤 11시부터 아침 8시까지밖에 못 자고 있다니까요! (웃음) 가능한 잘 자고 잘 먹으려고 해요.

10년 전과 지금을 비교해보면 어때요? 일을 대하는
마음가짐이라던가 태도가 어떻게 달라졌는지 궁금해요.

지난 10년을 돌이켜보면 '무슨 수를 써서라도 유명해지고
싶다'라거나 '남이 하고 있으니까 이유를 불문하고 나도
해야만 한다'는 생각으로 일해온 순간이 많았어요.
누구에게도 지고 싶지 않아서 상대를 가리지 않고 무조건
라이벌로 생각했고요. 요즘은 저 사람은 저 사람대로의
매력이, 내게는 나만의 매력이 있다고 믿고 '내가 하고
싶은 일을 주저 없이 하자'는 마음으로 바뀌었어요.
다른 사람이 뭐라고 하든 신경 쓰지 않고요. 사치스러운
말일지 모르지만, 무엇보다 내가 재미있어야 한다고
생각하면서부터 일하는 게 훨씬 즐거워졌다고 느껴요.

키쿠치 요코(Yoko Kikuchi)와의 인터뷰
중 (FRaUweb, 2019.9.25)

즐겁고, 바보 같고, 재미있으면 그걸로
행복하기에 평소에도 그런 사람으로
있고 싶다. '사람들이 웃어주지 않으니
하기 싫어졌어!'가 아니라, 어떤 개그가
썰렁했다면 얼마나 제대로 더 썰렁할
수 있는지 시험해 보겠다는 마음으로.
(웃음) 괜히 멋 부리지 않고 앞으로도
좋아하는 것을 그저 열심히, 계속해서
밀고 나갈 생각이다.

어려서부터 사람을 즐겁게 하는 일을 꿈꿨다

코미디언의 길을 택한 계기가 궁금해요.

어린 시절에는 유명 아이돌 그룹 모닝구무스메(モーニング娘)[4]의 멤버가 되고 싶었어요. 음반을 사서 부클릿을 펼쳐보는데 각 멤버의 프로필 사진이 잔뜩 실려있더라고요. 가만 보니 멤버 전원이 쌍꺼풀 짙은 눈에, 눈 밑에 애굣살이 있는 거예요. '어라? 나는 이런 거

4 일본의 연예기획사 업프론트 프로모션 소속으로 1990년대 후반부터 2000년대 초반까지 일본의 국민 걸그룹으로 큰 인기를 누렸다. 음반, DVD, 사진집 등 각종 상품이 쏟아졌고, 일본 골든디스크대상, 레코드대상 등 각종 가요 시상식에서 트로피를 휩쓸었다. 그룹은 유지하되 새 멤버가 가입하고 기존 멤버가 졸업하는 방식으로 기수별로 멤버가 계속 바뀌는 것이 특징이다.

없는데….' 쌍꺼풀도 애굣살도 없어서 모닝구무스메는 될 수 없겠다고 단념할 즈음, TV를 보다가 요시모토 신희극(吉本新喜劇)[5]의 무대에 빠져들었어요. 그때 희망의 빛을 봤죠. 희극인들 눈 밑에는 애굣살이 없더라고요. (웃음) 연신 관객들을 폭소하게 만드는 그들이 정말 멋있어 보였고, 여기라면 나도 멤버로 들어가서 주목받을 수 있을지 모르겠다고 생각했어요. 그때가 초등학교 2학년이었으니까 여덟 살 때부터 코미디언을 꿈꾸기 시작한 셈이네요. 그러다가 중학교에 들어가면서부터 따돌림을 당해서 친구는 없고 학교에 가기 싫다는 마음도 커지던 어느 날 문득 이런 생각이 들더라고요. '반드시 요시모토 신희극의 멤버로 들어가 무대에도 서고, TV에도 나오고, 유명한 사람이 되어 날 따돌린 애들을 후회하게 만들어 주겠어!'

어릴 때부터 사람들 앞에 서는 걸 좋아했나 봐요.

정확히는 무대 위를 꿈꿨다기보다 어떤 형식으로든 사람들을 즐겁게 하는 일을 하고 싶었던 것 같아요. 초등학교 5학년 때 'M-1 그랑프리'[6]라는 만담[7] 경연이 시작되었는데, 연말이 되면 넋을 놓고

5   일본의 연예기획사 요시모토 흥업 소속 코미디언으로 구성된 희극 무대 및 극단을 말한다. 1959년에 시작해서 현재까지 이어지고 있다.

봤던 기억이 나요. 저도 그들처럼 되고 싶어서 웃음의 세계를 열망하는 마음이 점차 커졌어요. 어느새 어른이 되고 보니 정말로 그 일을 하고 있네요. 콤비나 트리오가 아니라 혼자서 활동하고 있지만요.

대학에서는 영화 평론을 전공했다고 들었어요.

대학에 진학해 영화를 공부한 건 제 인생에서 가장 잘한 일 중 하나예요. 일찍부터 코미디언이라는 구체적인 꿈이 있다 보니 고등학교만 졸업하면 바로 연예계에서 일해야겠다는 생각뿐이었거든요. 그런데 고등학교 3학년 때 그 계획이 한순간에 뒤집어졌어요. 좋아하는 사람이 생겼거든요. 그런데 그 애가 다른 여자애랑 연애를 시작한 거예요. 그게 너무 분한 나머지…! 죄송해요, 이런 이야기만

6   일본의 종합 연예기획사 요시모토 흥업이 매년 12월에 주최하는 만담 전국 대회. 아마추어, 프로 구분 없이 결성 15년 미만의 코미디언 콤비라면 누구나 참여할 수 있으며, 결승까지 총 다섯 차례 경합을 벌여 최고의 코미디언을 선발하는 대회다. 총 상금은 한화로 약 1억 원이며 연말연시 황금시간대에 방송으로 공개되기 때문에 스타 등용문으로 각광받고 있다. 2001년부터 2010년까지 개최된 후 중단되었다가 2015년 부활했다. 'M'은 '만담'을 뜻하는 일본어 '만자이(漫才)'에서 따왔다.

7   재미있고 우스운 말로 사회를 비판하고 풍자하는 이야기. 콤비(2인)로 진행하는 경우가 많다. 바보 역인 '보케(ぼけ)'와 보통 사람 역인 '쏫코미(つっこみ)'로 만담조를 이루어 활동하는 모습을 볼 수 있다.

자꾸 늘어놓네요. (웃음)

기막힌 타이밍에 이야기가 끊겼어요. (웃음) 더 이야기해주세요.

여름방학 기간에는 대학 진학을 앞둔 학생들만 따로 학교에 모여 공부하거든요. 사실 공부하고 싶은 마음은 조금도 없었는데, 제가 좋아한 친구가 야구부라 야구부 훈련을 가까이서 보려고 선생님께 대학에 진학하고 싶다는 거짓말을 했어요. 그렇게 한여름 뙤약볕에도 굴하지 않고 벤치에 앉아 책을 펼쳐 들고는 곁눈질로 야구부가 운동하는 모습을 지켜봤죠. 그런데 여름방학이 끝나자마자 그 친구에게 여자친구가 생긴 걸 알고 속으로 '내 마지막 여름방학 돌려내!' 하고 소리쳤어요. 어찌나 분하던지 이렇게 된 이상 반드시 대학에 진학해서 나를 놓친 걸 후회하게 만들겠다고 다짐했죠. 대학에 가야겠다는 결심도 자연스레 하게 되었고요.

고등학교 3학년 때 진로 선택에 있어 중대한 결정을 내렸네요.

막상 마음은 먹었는데, 어느 학교에 어떤 전공을 선택하면 좋을지 모르겠더라고요. 여덟 살 때부터 코미디언이 될 생각밖에 없었던 탓에 정말 즐겁게 할 수 있는 공부가 무엇인지 생각해본 적이 없었으니까요. 그때 떠올린

게 영화였어요. 어릴 때부터 영화를 좋아해서 자주
봤거든요. 찾아보니 간사이 대학 문학부에 영화 전공
코스가 있더군요. 그렇게 4년간 공부했던 영화가 지금
하는 일에도 굉장히 도움이 되어요. 캐릭터를 설정할 때도
어떤 장면을 연출할 때도, 인상 깊게 본 영화 속 장면이나
캐릭터가 좋은 레퍼런스가 되니까요. 게다가 대학 시절
만난 친구들이 인생 전체에 큰 영향을 미칠 만큼 중요한
사람들이었어요. 그들을 만날 수 있었다는 사실만으로도
대학에 진학하기를 잘했다고 생각해요.

중학교 시절 이야기도 그렇고, 비록 '후회하게 해주겠다'는
부정적인 마음에서 동기가 시작되었지만 결과적으로는 언제나
긍정적인 길로 자기 자신을 이끌었네요. 야구부 친구가 있어서
다행이라는 생각마저 들 정도예요. 덕분에 이렇게 활약하는
모습을 모두가 볼 수 있으니까요.

그러게요. 돌이켜보니 고마운 사람이더라고요.

특별히 좋아하는 영화감독이나 작품이 있을까요?

4년간 대학에서 공부하면서 정말 많은 작품을 봤는데….
(눈을 감고 고민하며) 이 작품을 모르는 분이 많을 것
같지만, (카메라에 얼굴을 가까이 들이대며) 〈백 투

더 퓨처(Back to the Future)〉[8]라는 영화가 있는데 말이죠…. (웃음)

모른다고 말하고 싶은데….

〈백 투 더 퓨처〉는 인생 영화라고 해도 과언이 아니에요. 어릴 때부터 마이클 제이 폭스(Michael J. Fox)[9]를 좋아해서 자연스럽게 그가 나온 영화도 좋아하게 되었어요. 연기는 물론이고 영화 전반적인 분위기랄까, 미술적인 면에서 봐도 훌륭해요. 지금 봐도 정말 재미있고 세련된 작품이죠. 최근에는 조던 필[10] 감독의 작품도 좋아해서 자주 봐요. 잔혹한 장면 없이 정신적으로 사람을 궁지로 몰아가는 게 특기인데,

8 　　　1985년에 제작된 로버트 저매키스(Robert Zemeckis) 감독의 미국 SF·코미디 영화. 평범한 소년이 타임머신을 통해 과거와 미래로 시간 여행을 하며 개인의 역사를 바꾸고, 뒤틀린 미래를 바로잡는 모험극이다. 기발한 플롯과 명연기로 1980년대 최고의 흥행작 중 하나이며, 이후에도 시간 여행을 소재로 한 영화들 중에서 손꼽히는 대표작으로 회자되고 있다. 2007년 미국 의회도서관에 의해 문화적·역사적·미적 중요성을 인정받아 미국 국립영화등기부에 선정 및 보존되었다.

9 　　　1961년생. 캐나다 출신의 배우, 성우, 코미디언. 〈백 투 더 퓨처〉 시리즈의 주인공 마티 맥플라이(Marty McFly) 역할을 맡으면서 영화계의 아이콘이 되었다. 〈패밀리 타이즈(Family Ties)〉, 〈이야기 도시(Spin City)〉 등에서 코미디 연기를 선보이며 왕성하게 활동하던 그는 1998년 파킨슨병 진단을 받고 증세가 악화되자 배우 생활을 은퇴하고 마이클 J. 폭스 재단을 설립해 기부금을 모으고 저서를 출간하는 등 사회기관단체인이자 성우로서 활발하게 활동하고 있다. 에미상, 골든 글로브상 그리고 미국 배우 조합상 코미디 부문 남우주연상을 여러 번 수상했다.

조던 필 감독도 코미디언 출신이더라고요. 무서운데
재미있고, 재미있는데 무섭고. 보자마자 그의 세계관에
빠져들었어요. 조던 필. 죠단(冗談, 농담) 아니고.

죠단 아니고 조던이라니. (웃음) 유리양 레트리버라는 이름은
어떻게 만들어졌나요?

처음에는 "실은 부모님이 강아지라서요"라고 대충
답했는데….

생물학적으로 꽤 무리가 있는 설정 아닌가요?

사실 큰 의미를 두고 만든 이름은 아니에요. 단지 모두가
친근하게 생각하는 이름이었으면 했죠. 누군가와
친해지면 이름을 조금씩
각색해서 부르잖아요.
많은 사람과 그런 관계가
되었으면 하는 마음을
담아 일부러 줄일 수밖에
없는 긴 이름이면 좋겠다고
생각했어요. 당시 저는
'골든레트리버'라는 단어에
빠져 있었는데, 어감이

10   1979년생. 미국 출신의
코미디언이자 영화 감독. TV
코미디 시리즈 ‹키 & 필›을 통해
코미디언으로 이름을 알린 후,
직접 각본과 감독을 맡은 영화 ‹겟
아웃›으로 영화감독 데뷔 후 제 90회
아카데미상 각본상을 받았다. 꼼꼼한
복선이 섞여 예측하기 힘든 독특한
스토리텔링이 특징으로, 스파이크
리(Spike Lee), 스티브 맥퀸(Steve
McQueen)과 함께 자신만의
개성으로 크게 호평받는 감독이다.

너무 좋아서 계속 그 단어를 말하고 싶었거든요. 게다가 산리오(Sanrio)의 폼폼푸린(pompompurin)[11]이라는 캐릭터가 골든레트리버를 모델로 했다는데 생김새가 조금도 닮지 않아서… 계속 신경이 쓰이더라고요. 별것 아닌 단어나 이야기에 집착하는 편이라. 그렇게 골든레트리버를 첫 번째 후보로 정해두고, 다른 이름은 없을까 고민하던 차에 학창 시절 친구들이 부르던 별명이 생각났어요. 본명이 요시다 유리(Yuri Yoshida)라서 친구들이 '유리양'이라고 불렀거든요. 최종 이름은 NSC(New Star Creation, 요시모토 종합 예능학원)[12] 입학 당시 입시 담당자가 건넨 한마디로 결정되었어요. "유리양과 골든레트리버를 섞으면 되잖아?"

11   1996년 산리오에서 만들어진 수컷 골든레트리버 캐릭터로 베레모를 쓰고 있는 것이 특징이다.

12   신인 예능인을 육성할 목적으로 일본의 종합 연예기획사 요시모토 흥업이 1982년 설립한 예능인 양성 학원. 도쿄와 오사카에 지부가 있으며, 제1기 개그 콤비인 다운타운을 시작으로 다양한 코미디언을 배출하고 있다. 도쿄 지부에서는 코미디언뿐 아니라 배우나 가수, 방송 작가도 육성하고 있다. 입학 자격은 중학생 이상이다.

처음엔 모르는 게 당연하다. 하지만 누군가가 진심을 다해
가르쳐준다면, 조금씩 자연스럽게 몸과 마음에 스며든다.
덕분에 국어와 산수를 풀 때도, 그리고 사회에 나가서도
시작부터 겁먹지 않았다. 내가 열심히 공부해서라기보다
누군가 내게 가르쳐주고 알려줘서 처음에는 할 수 없던
것을 할 수 있게 된 거다. 이런 어린 시절의 경험에서 '일단
할 수 있을 거라고 마음 먹으면 분명 잘 해낼 수 있다'라는
자신감이 생겼다.

치밀한 계획보다는 꽂히는 부분에 집중한다

NSC 이야기가 나와서 말인데, 그 시절 이야기가 궁금해요.
단순히 코미디언을 꿈꾸던 때와 경쟁이 치열한 세계로 한발
내디디면서 경험한 세계는 많이 달랐을 것 같아요.

오사카와 도쿄에 학교가 있는데, 저는 오사카에 있는
NSC에 들어갔어요. 대학교 4학년 때 들어가서 1년간
코미디 수업을 받았고, 대학과 동시에 NSC도 졸업했죠.
처음에는 NSC 입학 동기 500명 전원이 어찌나
재미있어 보이던지, 자기 동네에서 웃기기로 소문난
사람들이 모여 있다고 생각하니까 기가 죽더라고요.
그런데 뚜껑을 열어보니 목소리가 엄청나게 작은
사람도 많고, 뭘 물어봐도 전혀 대답하지 않는 사람도

많았어요.

코미디언이 되고 싶어서 입학해놓고요?

그러니까요! 앞서 이야기했던 야구부 친구에게 정말
고마운 게, 만약 고등학교를 졸업하자마자 NSC에
들어갔더라면 저 또한 경험 부족으로 긴장부터 했을
거예요. 그런데 대학 생활을 하면서 아르바이트도
해보고, 모르는 사람과 대면하는 상황도 여러 차례
겪어보고, 상대의 기분을 살피면서 대화하는 방법을
배운 덕분에 한결 적응이 수월했어요. NSC에 입학하고
얼마 지나지 않아 이런 생각이 들더라고요. '첫째, 언제나
밝은 표정으로, 둘째, 큰 목소리로 인사하고 대답하며,
셋째, 학교에서 하라는 것만 어기지 말고 잘하자. 그럼
어찌어찌 1년간 잘 지낼 수 있을 거야.'

그 생각이 맞던가요?

NSC에서는 무엇보다 인사가 기본이에요. 혹시라도 선배
코미디언이나 직원, 선생님을 미처 알아보지 못하고
지나치면 무례한 학생이 되니 그런 상황을 만들지
않으려고 학교 밖에서도 사람만 보이면 무조건 90도로
인사했어요. 일단 인사해놓고 나중에 보면 여행 중인

외국인 관광객일 경우도 많았죠.

눈만 마주쳐도 인사하는 학생이었군요. 존재감을 어필하기 위해 노력하진 않았나요?

NSC에 다니는 학생은 모두 목에 카드 형식의 명찰을 걸고 다녀야 해요. 명찰 뒷면에는 선생님이 수업마다 가장 재미있는 한 팀에만 주는 스티커를 붙여두죠. 명찰 뒷면에 스티커가 많을수록 우수한 학생이라는 뜻이에요. 사실 전 스티커를 그리 자주 받는 학생은 아니었는데, 선생님이 주는 것과 똑같은 스티커를 학교 근처 잡화점에서 팔고 있는 게 아니겠어요? 그걸 몰래 사다가 명찰 뒷면에 맘대로 잔뜩 붙여놓고 동기들이 근처에 있을 때면 은근슬쩍 명찰을 뒤집었어요. '우와… 쟤 엄청나게 웃긴 애구나' 하고 주눅 들기를 바라면서. (웃음) 이렇게 나름의 방법으로 마음의 여유를 찾으며 1년간 즐겁게 보냈습니다.

가장 처음 만들었던 콩트를 기억하나요?

100엔을 빌려 간 친구에게 돈 갚으라는 말을 꺼내는 게 힘들어서 어떻게든 다른 화제로 잘 포장해서 돌려 말해보려 하지만, 그것마저도 잘 안되서 결국 온몸을 비닐로 포장해버리는 사람의 이야기였어요. 다른 코미디언들은 신인 때 영상을 보거나 누가 그때 만든 게 뭐냐고 묻기만 해도 엄청나게 부끄러워하던데 전 별로 그럴 게 없네요. 10년 전이나 지금이나 크게 달라지지 않았나 봐요.

아이디어는 주로 어디에서 얻는 편인가요?

좋은 이야기를 만들기 위해 책상에 반듯하게 앉아 노트를 펼치고 펜을 드는 방식은 잘 안 맞아요. **별생각 없이 대화를 나누던 중에 인상 깊었던 말을 기억해두거나 영화를 보면서 직접 연출해보고 싶은 장면을 메모하는** 편이죠. 다른 코미디언들을 보면 치밀하게 계획을 세우고 기승전결이 제대로 잡힌 콩트나 만담을 만드는데, 저는 하고 싶은 말을 하나 정해두고 그걸 말하려면 어떤 설정이 좋을까 생각하는 때가 많습니다.

'골든레트리버'라는 단어를 자주 말하고 싶어서 이름으로 정한 것과 같은 맥락 아닌가요.

(손으로 입을 가리며) 어머, 듣고 보니 정말 그렇네요! 맞아요 저는 그런 사람입니다. (웃음)

지금까지 출연한 방송이나 유튜브 채널 등을 보면 매번 전혀 다른 성격의 캐릭터를 완벽하게 연기하는 모습에 놀라곤 해요. 캐릭터 설정의 디테일함에 다시 한번 놀라고요. 이렇게 하려면 남들보다 몇 배로 날카로운 관찰력이 필요할 것 같은데요.

특별히 관찰한다기보다 우연히 듣게 되는 사람들의 말투에 더 관심이 가요. 약속 장소에 도착한 친구에게 "걸어서 왔어?" 하고 물었더니 어이가 없다는 투로 "안 걸어! 택시라고!" 하며 퉁명스럽게 대답하는데, 그게 며칠 내내 너무 웃긴 거예요. 조금도 특별할 게 없는 말을 하는 데도 억양이나 어감이 재미있어서 기억해둘 때가 많아요. 생각 없이 웃음부터 터지는, 그냥 한번 따라 해보고 싶은 문장으로 콩트를 만들기도 하고요.

타인이 무엇을 하든 자기 자리에서 최선을 다한다

최근 들어 코미디언이라는 직업도 여러 변화를 겪고 있어요.
특히 유튜브나 인스타그램 등의 플랫폼에서는 직접 콘텐츠를
기획하고 촬영과 편집을 하기도 하잖아요. 팬들과 더 가깝게
소통할 수 있고요. 지난 10년간 코미디언으로 일해 오면서 이런
변화를 어떻게 느끼고 있나요?

지금이야 모두가 인스타그램을 활용하지만, 제가
시작했던 10년 전만 하더라도 인스타그램을 안 하는
사람이 더 많았어요. 저는 예전부터 영상 편집하는 걸
좋아해서 한 가지 아이디어로 다양한 영상을 촬영하곤
했는데, 그걸 인스타그램에 올렸더니 예상했던
것 이상으로 주목받으면서 팔로워 수가 순식간에

많아졌어요. 요즘은 워낙 좋은 애플리케이션이 많아 누구나 직접 촬영하고 편집하는 게 가능해졌으니 10년 전과 같은 방식으로 승부하기는 좀 어려워졌지만요.

〈유리양 레트리버의 심플 라이프〉라는 유튜브 채널도 하고 있잖아요.

코로나19가 시작되기 얼마 전, 모 프로덕션에서 함께해보지 않겠냐고 연락이 왔어요. 일단 하기로 했는데 그렇게 열심히 하진 못한 것 같아요. 코로나19 이후 여러 활동이 중단되면서 코미디언들이 하나둘 유튜브 채널을 만들기 시작했고, 그들이 열정적으로 콘텐츠를 올리는 모습을 보면서도 저는 계속 미루게 되더라고요. 이제는 정말 적극적으로 임해야 할 것 같네요.

그동안 활동하면서 어렵거나 힘든 순간을 하나만 꼽으라면 언제라고 답할 건가요?

NSC에서 하는 마지막 공연에서 우승하면서 '수석 졸업'이라는 타이틀이 생겼어요. 덕분에 NSC 동기를 비롯해 같은 세대 코미디언들보다 많은 기회를 얻었죠. 그렇다고 고민이 전혀 없었던 건 아니에요. 'R-1 그랑프리'[13] 경연에 몇 해 연달아 출전하던 시절이 생각나요. M-1이 콤비가 만담으로 대결하는 구도라면, R-1은 혼자서 활동하는 코미디언이 스스로 만든 콩트나 개그로 대결하는 자리예요. 2013년, 데뷔하자마자 처음으로 R-1에 도전했어요. 예선에서 탈락했지만 그땐 일단 나가보자는 마음이 커서 괜찮았어요. 이어서 두 번째 도전에서도 탈락. 그리고 세 번째로 도전한 2015년에는 결승에 진출해 마지막 세 팀 안에 들었지만 우승하지 못했죠. 그 후 4년간 아무리 도전해도 언제나 우승은 다른 사람에게 돌아갔어요. 경연이 끝나고 나면 무대 뒤에서 펑펑 울었어요. 뭐가 정답인지 모르겠고, 사람들을 웃긴다는 게 도대체 무엇을 의미하는 건지 헷갈리면서 매일 악몽을 꿨죠. 우승하지 못하면 내 인생도 끝이라고 생각했거든요. 멋대로 선배, 동기, 후배를 시기하고 질투했어요. 웃어주지 않는 관객들마저 적대시했고요. 미워하는 마음이 커질수록 괴로움도 커지더군요.

그 시절 가장 힘이 되었던 것은 무엇인가요?

가족들과 친구들, 그리고 매니저…. 매니저가 이 대화를 듣고 있어서

13   일본의 종합 연예기획사 요시모토 흥업에서 주관하는 코미디 콘테스트. 콤비만 참가가 가능한 'M-1 그랑프리'와 달리 개인도 참가할 수 있으며 프로와 아마추어를 불문하고 누구나 참가할 수 있다. 2002년에 시작해서 지금까지 열리고 있다. 총상금은 한화로 약 5000만 원이다.

사람을 웃게 하는 행위는 짜릿한 쾌락입니다

말해봤어요. (웃음) 같은 일을 하는 선배와 동기, 후배들이 없었다면 어느 순간 그만뒀을지도 몰라요. 내 멋대로 타인을 미워하고 질투하는 못난 마음을 친한 선배에게 털어놓은 적이 있어요. 그때 선배가 해준 말을 지금도 선명하게 기억해요. "이 세상에 헤아릴 수 없을 만큼 수많은 코미디언이 일하고 있지만 유리양이 마음을 다해 열심히 살아가고 있다면 분명 좋은 기회를 얻을 것이고, 유리양이 라이벌로 생각하는 사람이 갑자기 사라지더라도 유리양 스스로가 열심히 살아가고 있지 않으면 유리양에게 기회가 생길 일도 없겠지. 결국에는 타인이 무엇을 하든 자기 자리에서 열심히 하는 것만이 답 아닐까?" 그 말을 듣는 순간 마음이 깃털처럼 가벼워졌어요.

부정적인 감정에 갇히지 않도록 도와주는 말이었네요.

중학교 때 날 따돌리던 아이들에게 반드시 복수하겠다, 내 마음을 받아주지 않았던 친구를 후회하게 해주겠다는 마음이 에너지 면에서는 어느 정도 도움이 되었을지 몰라요. 그렇지만 모두를 행복하게 만드는 일을 하는 코미디언으로서, 일의 결과가 누군가에게 분노와 속상함을 안겨준다면 그건 무척 슬픈 일이잖아요. 부정적인 감정에 눈이 멀어 중요한 걸 놓치고 있었던 거죠. 선배의 조언 덕분에 마음속을 잔뜩 뒤덮고 있던 먹구름이 걷혔어요. 이 세상을 살아가는 모두가 멋지고 굉장하니까, 그들을 있는 그대로 존경하면서 나는 나대로 할 수 있는 걸 열심히 하면 된다고 생각하게 되었습니다.

그리고 2021년 3월, 드디어 R-1 그랑프리 우승 트로피를 거머쥡니다. 여덟 번째 도전이었죠?

NSC를 좋은 성적으로 졸업하면서 잠깐이나마 주목받을 수 있었지만, 그걸로 평생 일거리가 생기는 건 아니니까요. 앞으로의 커리어를 위해서는 경연에서 우승해야만 한다고 생각했어요. 어떻게든 모두를 제치고 1등을 하는 것만이 인정받는 길이라 믿었죠. 그래서 더 지쳐버렸고요. 7년간 R-1에 도전하다가 2019년부터 2년간 출전하지 않고 다른 활동을 하면서 시간을 보냈는데, 역시 한 번쯤은 우승해보고 싶더라고요. 변한 게 있다면 여덟 번째 도전은 나를 위해서가 아니라 그동안 나를 지지해주고 아껴준 수많은 선배와 동료, 가족과 친구들, 팬들에게 보답하고 싶은 마음이 컸어요. 입에 발린 말처럼 들릴지 모르겠지만 진심이에요. 지난 일곱 번의 경연에서 우승하지 못한 게 다행이라는 생각마저 들어요. 그때 우승했다면 그저 내 생각만 했을 테니까요.

재미와 흥미가 있다면 무엇이든 할 수 있다

미국에 진출하게 된 계기도 궁금해요. 어떤 경위로 〈아메리카 갓 탤런트(America's Got Talent)〉[14]에 출연하게 되었나요?

어릴 때부터 〈백 투 더 퓨처〉를 보면서 미국 문화를 동경해왔어요. 코미디와 미국에서 영화 관련 일을 하는 것도 어린 시절부터 꿈꾸던 장래 희망 중 하나였죠. 처음엔 막연히 코미디와 영화, 두 가지 일을 동시에 할 수 없겠다고 생각했어요. 그런데 막상 활동하다

14　　　미국 NBC 방송이 2006년부터 방영 중인 공개 오디션 프로그램. 노래, 춤, 차력, 마술, 성대모사, 코미디에 이르기까지 다양한 장르의 출연자들이 100만 달러의 상금을 놓고 겨룬다. 토너먼트 방식이라 참가자들은 오디션부터 우승까지 최대 4회의 공연을 펼치게 된다. 여러 나라에서 리메이크되었으며 한국에서도 〈코리아 갓 탤런트〉로 리메이크되었다.

보니 코미디언은 그저 콩트나 만담을 하는 것 말고도 재미있고 흥미로운 일이라면 무엇이든 할 수 있는 직업이라는 생각이 들더군요. 문제는 미국에 가고 싶다고 노래를 부르면서도 정작 아무런 시도도 하지 않는 나 자신이었어요. R-1 그랑프리 출전을 잠시 쉬고 있던 해라 마침 〈아메리카 갓 탤런트〉에서 출연자를 모집한다는 소식을 듣고는 바로 원서를 보냈어요. 서류 심사를 통과하면 현지 심사, 현지 심사를 통과하면 스카이프 심사를 거쳐 방송에 출연해요. 나중에 알게 되었는데 4만 명이 넘게 응모했다고 하더라고요. 어렵게 통과한 것치고는 수많은 관중과 카메라 앞에서 수영복만 입고 무대 위를 뛰어다니다가 돌아왔지만. (웃음)

구글에서 '유리양'을 검색하면 관련 검색어로 '유리양 영어'가 나올 정도로 영어를 자유롭게 구사하던데, 조만간 미국에서 활약하는 모습도 볼 수 있겠어요.

주변에 영어를 잘하는 친구가 많기도 하고 영화를 보면서 대충 흉내를 내곤 했어요. 하루빨리 유창해질 수 있도록 좋아하는 연예인인 킴 카다시안(Kim Kardashian)[15]의 영상을 보면서 열심히 공부하려고요.

코미디언이라는 직업을 어떤 말로 정의할 수 있을까요?

키쿠치 요코(Yoko Kikuchi)와의 인터뷰
중 (FRaUweb, 2019.9.25)

미국의 텔레비전 프로그램에 처음
나갔을 때, 미국 관객들은 몹시
상냥했다. 그들은 내 말과 행동에
웃어줬지만, 아직 나는 진정한 의미의
'재미'를 선사할 수 없다는 사실을
잘 알고 있다. 코미디, 즉 다른 이를
웃게 하는 일에 관해서도 더 공부해야
하고 영어 또한 지금보다 더 열심히
배워야 한다. 하지만 미국의 코미디를
공부하기보다는 나 자신이 진심으로
'재미있다'고 생각하는 것을 영어를
통해 전하고 싶다.

어떤 상황이든, 그게 무엇이든 '재미있다'고 생각하는 사람. 짜증 나는 일이 있을 때 보통은 화를 내고 끝나잖아요. 그런데 무엇이든 재미있다고 생각하면 짜증 나는 일도, 짜증 내는 내 모습도 재미있어서 웃어버릴 수 있어요. 선배 코미디언 중에 무슨 일이 있든 누가 뭐라고 하든 조용히 "재미있네" 하며 웃는 사람이 있어요. 그 모습이 어찌나 좋아 보이던지. 그런 코미디언이 되고 싶어요.

코미디언 유리양 레트리버에게 사람을 웃게 하는 행위는 무엇을 의미하나요?

엑스터시. 행복이나 즐거움 등의 감정으로는 설명하기 힘든 짜릿한 쾌락.

코미디언으로서 최고의 성공은 뭐라고 생각해요?

사람마다 다르겠지만 제게 있어 최고의 성공은 아카데미상을 받는 순간일 거예요. 처음으로 R-1 결승에 진출했을 때

15   1980년생. 미국의 방송인, 모델, 사업가. 약 3억 명의 SNS 팔로워를 가지고 있다. 패리스 힐튼의 친구로 리얼리티 방송 출연 후, 카다시안 가문이 함께 출연한 리얼리티 프로그램이 론칭되면서 유명세를 타기 시작했다. 2000년대 중반부터 지금까지 할리우드에서 가장 많은 이슈를 쏟아내며 화제를 몰고 다니는 인물.

아카데미 시상식에서 감격에 겨워 입을 쉽게 떼지 못하는 여배우를 연기했어요. 실제로 아카데미 무대에 선다면 그 연기를 선보이고 싶어요. 그럼 일본에서 시상식을 보던 사람들이 "쟤 저기까지 가서 그 콩트를 하고 있잖아?" 하고 즐거워하겠죠? (웃음)

배우로서요? 아니면 영화감독으로서요?

종목이야 뭐가 되어도 좋아요. 이왕이면 클린트 이스트우드 (Clint Eastwood)[16]처럼 되고 싶네요.

어떤 상황에서도 발휘할 수 있는 당신의 강점은 무엇이라고 보나요?

저의 좌우명이 '마음 여기에서 꺾이지 않고(心 ここで折れず)'인데요. 지레 겁먹지 않고, 다른 사람의 눈치도 보지 않고, '나는 나'라는 마음가짐이 코미디언으로서 제 강점이라고 생각해요. "너 참 그런 상황에서

16   1930년생. 미국의 영화배우 겸 영화감독. 1954년부터 단역배우를 시작한 그는 이탈리아식 서부극인 ‹황야의 무법자(A Fistful Of Dollars)›와 ‹석양의 건맨(For a Few Dollars More)›, ‹석양의 무법자(The Good, the Bad and the Ugly)›와 돈 시겔(Don Siegel) 감독의 갱스터무비 ‹더티 해리 (Dirty Harry)›로 큰 인기를 얻으며, 남성성의 아이콘이 되었다. 1971년 에는 맬파소 프로덕션(Malpaso Production)이라는 제작사를 차려 ‹용서받지 못한 자(Unforgiven)›, ‹앱솔루트 파워(Absolute Power)› 등의 영화를 제작해 배우뿐 아니라 감독으로서도 높은 평가를 받았다.

잘도 엉뚱한 소리를 한다"란 말을 종종 듣는데, 어떤
상황에서도 긴장하지 않으려고 하죠.

동의합니다. 인생 한 번뿐이잖아요. 겁먹을 시간이 어딨나요.

가늠할 수 없이 넓은 우주 안에 있는 작은 별, 그
안에 있는 작은 나라에서 살아가는 작은 인간 하나가
긴장해봤자 무슨 소용이겠어요. (웃음)

나를 소중히 대한다

코스메틱 브랜드 키엘(Keihl's)의 브랜드 패밀리로서 활약하는 모습이나 패션지 «보그(VOGUE)»와 함께한 캠페인도 인상 깊게 봤어요. 언제부턴가 각종 매스컴에서 당신을 이야기할 때 '자기긍정감'이라는 단어를 자주 사용하더라고요.

> 몸집이 큰데 수영복을 입는다고 해서 자기긍정감이 강한 건 아니에요. '살이 쪘는데도 쟤는 성격이 참 밝네. 자기긍정감이 높네' 하고 쉽게 생각하는 것 같기도 해요. 실은 오랫동안 '내가 무슨', '나 따위가 감히' 이런 생각으로 살았어요. 최근 들어 진정한 의미의 자기긍정감이 생겨났다고 느끼는 건 모두 운동 덕분이에요. 퍼스널 트레이너 오카베 도모(Tomo

Okabe)의 도움으로 식이조절과 운동을 시작하면서 많은
것이 달라졌어요. 무엇보다 중요한 건 '나'라고 생각하게
되었거든요. 내 몸이야말로 자본이고 나를 소중하게 여길
사람은 나뿐이라고, 이렇게 힘든 트레이닝을 이겨내는
나를 함부로 대하는 사람 따위에게 신경 쏠 필요가
없다는 걸 알게 되었죠. 육체적으로나 정신적으로 조금씩
단단해지면서 성격도 밝아졌어요. 요즘은 진심으로
내 몸이 기특하고 예뻐요. 단순히 외향적인 예쁨이
아니라 (어깨를 토닥이며) "유리양, 너 정말 기특해,
잘했어. 건강하게 잘 지내줘서 고마워"라고 말하게 되는
예쁨이요.

연예계에서 일하다 보면 체력은 물론이고 정신적인 피로도
만만치 않을 것 같아요. 마음의 건강을 위해 특별히 노력하는
지점이 있을까요?

최근 정리 정돈의 중요성을 실감했어요. 실은 며칠
전까지만 해도 집이 너무 지저분해서 걷는 게 힘들
정도였거든요. 지저분함이 어떤 선을 넘어버리니까
마음도 함께 어지러워지고 아무것도 하기 싫은 상태까지
기분이 곤두박질치더라고요. 그래서 날을 잡아 아침부터
청소했어요. 정신 사납게 흩어져 있던 물건들을 모두
정리하고 나니까 도통 풀리지 않던 일들이 순식간에

해결되더군요. 사람들에게도 상냥하게 대하게 되고.
매니저가 아무리 말해도 나중 일로 미루기만 하던 서류
업무도 단번에 해치우는 저를 보면서 나태했던 과거를
깊이 반성했어요.

일상생활을 하는 유리양과 일하는 유리양, 둘은 많이 다른
편인가요?

흔히들 코미디언은 온(on)과 오프(off)가 확실히
구분된다고 하던데, 저는 그런 게 전혀 없어요. 애초에 그
경계가 없는 사람인가 봐요. 몇 년 전까지만 해도 진정한
내가 누군지 몰라서 고민도 많았어요. 지금처럼 차분하게
이야기할 때의 나, 큰 소리로 엉뚱한 말을 하는 나, 화를
내는 나, 춤을 추는 나, 슬퍼하는 나…. 그중에 진짜
내가 누구인지 도통 모르겠는 거예요. 그런데 가만히
생각해보니 전부 다 유리양이라는 생각이 들더군요.

코미디언이 되지 않았다면 지금 어떤 일을 하고 있을 것 같아요?

영화인으로 성공해서 LA에 있는 수영장 딸린 집에 누워
있지 않을까요?

코미디언을 꿈꾸는 이들에게 전하고 싶은 조언이 있다면요?

누구를 만나든 제대로 진심을 담아 인사할 것! (웃음)
그리고 '그건 이렇게 하는 게 좋다', '이건 저렇게 하는 게
좋다' 등 많은 지적과 충고를 듣게 될 텐데 참고하는 거야
나쁠 건 없지만 무엇보다 중요한 건 자신의 마음이라고
말하고 싶어요. 본인이 진심으로 즐겁다고 생각하는 일을
하면 좋겠습니다.

일을 포함해 당신의 삶에서 절대 양보할 수 없는 원칙이 있나요?

건강만은 양보할 수 없어요. 건강을 양보할 수 없다는
건 숙면을 위한 시간을 양보할 수 없다는 말이 될 테고,
즐거움을 양보할 수 없다는 의미도 되겠죠. 즐겁지 않으면
건강하지 못할 테니까. 물론 일이 잘되지 않아도 건강을
해치고 말겠죠. 내가 생각해도 요리조리 피해 가는 얄미운
대답 같네요. (웃음)

코미디언이 되고 싶다는 꿈은 이루었으니, 조금 더 큰 의미의 꿈이
있는지 물어보고 싶네요.

아카데미상 수상도 물론이지만, 생각하는 것을 모두 다
이루는 사람이 되고 싶어요. 아, 이 대답도 너무 얄미운가?

아까부터 계속 얄미워요. (웃음)

인정! (웃음) 하지만 그 꿈만 이루어진다면 무엇이든 될 수 있으니까요.

유리양 레트리버는 1990년 일본 나라현에서 태어났다.
간사이대학 문학부 재학 중 오사카 NSC 35기생으로 입학해
이듬해인 2013년 수석 졸업하며 코미디언으로 데뷔했다.

—

2015년에는 데뷔한 해부터 계속해서 도전했던 개그 콘테스트
'R-1 그랑프리'에서 처음으로 결승에 진출, 2017년에는 제1회
여성 코미디언 No.1 결정전 'The W'에서 우승했다. 같은 해
제47회 NHK 〈가미가타 만담 콘테스트〉에서도 우승했는데,
동 콘테스트에서 혼자 활동하는 여성 코미디언이 우승한 것은
유리양 레트리버가 처음이었다.

—

2019년 미국의 오디션 프로그램 〈아메리카 갓 탤런트〉에
출연하며 화제를 모았고, 2021년에는 여덟 번째 도전한 'R-1
그랑프리'에서 우승을 차지하며 시대를 대표하는 얼굴이 되었다.
GQ Japan의 'Men of the Year 2021' 베스트 코미디언상 수상에
이어 예능 버라이어티는 물론, 음악, 미술, 광고, 드라마 등 다양한
장르에서 활약하며 코미디언뿐아니라 패션 아이콘으로서도
폭넓은 지지를 얻고 있다.

—

Instagram @yuriyan.retriever

유리양 레트리버
Yuriyan Retriever

인터뷰할 때는 최대한 반듯한 자세로 대답하려
노력하지만, 평소 토크 프로그램에 나가면 맥락
없는 엉뚱한 말을 쏟아내는 편이에요. 데뷔 초기에는
프로그램 MC는 물론이고 스태프 모두가 곤란해했죠.
이대로 괜찮은 건지 고민이 되어서 선배들에게 상의하곤
했는데 "유리양은 그대로 괜찮지 않아? 처음에는
잘 몰라서 놀라고 당황할 수 있지만, 반복하다 보면
언제부턴가 유리양은 그런 캐릭터라고 인정해줄 테니까
계속해도 돼"라는 조언을 듣고 큰 힘을 얻었어요. 그래서
신념을 가지고 사람들을 계속해서 곤란하게 했더니
(웃음) 언제부턴가 스태프들로부터 "유리양 씨는
평소처럼 해주시면 됩니다"라는 말을 듣게 되더군요.
선배들의 조언이 없었다면 저는 여전히 자신을 믿지
못한 채 불안에 떨고 있었을 거예요.

Kareem
Rahma

카림 라마

New York

06

카림 라마는 미디어 업계에서 일하다가 커리어를 180도 바꾼
프렌즈 등 다양한 종류의 콘텐츠를 제작하는 회사를 세운 창
니스 기회를 만드는 일을 병행하는 균형 감각 좋은 크리에
벗어난 콘텐츠를 만들며 코미디언이라는 직업의 확장성을

언이자 프로듀서로 활동하고 있다. 네임리스 네트워크, 섬
도 한 그는 순전히 자기만족을 위해 시작한 코미디와 비즈
현재는 소셜 플랫폼을 활용해 기존 코미디의 문법에서 살짝
중이다.

사람은 자기 자신과 가까울 때 가장 멋있습니다

뉴욕 자택에 있는 카림 라마와 화상 인터뷰,
2022년 6월 23일 오후 5시

실패해도 상관없다는 마음으로

지금 쓴 모자, 멋진데요?

　│ 고마워요. 가짜(fake) 뉴욕 관광객 콘셉트예요. (웃음)

뉴욕에서 오래 살았죠?

　│ 미네소타주에서 대학을 졸업한 이후 뉴욕으로 왔어요.
　│ 첫 직장을 구했을 때부터 줄곧 여기 살았죠.

뉴욕을 기반으로 여러 가지 일을 한다고 들었어요. 스스로를
가리켜 무슨 일을 하는 사람이라고 설명하나요?

제가 할 수 있는 일은 다 합니다. 분야를 가리지 않고요. 광고 업계에서 일을 시작했고, 미디어 업계로 갔다가 창업을 하기도 했어요. 지금은 주로 코미디를 합니다.

그렇다면 당신의 직업을 뭐라고 정의하면 좋을까요?

저는 스스로를 '엔터테이너이자 코미디언'이라고 정의합니다. 주로 엔터테이너라는 단어를 쓰는데, 그 이유는 코미디라는 장르에 포함되지 않는 일도 많이 하기 때문이죠. 개인 프로젝트를 하는 동시에 다른 이들의 프로젝트도 프로듀싱해요. 코미디쇼와 코미디 음악을 만들면서 영화도 제작하고, 바이럴 퍼포먼스 아트와 스탠드업 코미디를 하기도 하죠. 물론 제가 하는 일련의 일은 모두 코미디에 닻을 내리고 있어요. 거기서 발상과 협업, 디렉팅 등 작업 프로세스가 여러 갈래로 파생된다고 보면 됩니다.

누군가 당신에게 왜 이렇게 여러 가지 일을 동시에 하느냐고 묻기도 하나요?

자주 받는 질문이죠. 하지만 이 업계에 몸담고 있지 않은 이상, 그 질문에 구체적으로 답한다 해도 어차피 이해하긴 어려울 겁니다. 특히 창업에 관한 부분은 더욱 그렇죠. 요약해서 말하자면, 제가 회사를 만든 이유는 다른 일을 엮거나 구성하기에 가장 좋은 형태이기 때문이에요. 여러 가지 일을 하는 이유는 두 가지로 나눌 수 있습니다. 첫째, 이 모든 걸 해야만 재정적인 면에서 유지가 됩니다. 둘째, 내 나이가 이제 서른 중반이거든요.

서른 중반이 어때서요?

엄청나게 많은 사람이 20대 초반에 꿈을 찾아 뉴욕으로 옵니다. 그들이 서른을 갓 넘겼을 때 이미 10년에 가까운 경험을 쌓게 되죠. 난 서른셋에 시작했으니 정상적으로 10년이란 시간을 보내면 마흔셋이 됩니다. 이 간격을 줄이기 위해 10년 치 일을 5년 안에 해치우는 2배속 실험을 하는 거예요. 마치 캠프에 처음 온 어린아이가 야구도 해보고 축구도 해보는 것처럼요. 주위에 해볼 만한 모든 걸 경험해보면서 내가 제일 하고 싶고 잘하는 게 뭔지 찾고 있어요. 각각의 일들은 하나의 빌딩을 만드는 블록 역할도 하고 있어요. 독자적인 동시에 전체를 이루는 재료가 되는 셈이죠. 이건 매우 전략적인 결정입니다.

닥치는대로 하다 보니 여기까지 와 있었다는 말은 아니군요. 그럼 코미디라는 분야를 선택한 것도 전략적인 결정이었나요?

그건 아니에요. (웃음) 10년 치 작업을 5년 안에 욱여넣는다는 계획은 전략적으로 세웠지만, 코미디는 정말로 운명처럼 다가왔습니다. 코미디를 해보고 싶다는 생각을 하긴 했어도, 이게 '직업'이 될 수 있을 거란 상상은 전혀 하지 못했어요. 저는 미국 중부 출신입니다. 이집트에서 태어나 미네소타에서 자랐어요. 이민자 부모를 둔 사람으로서 내가 코미디언이 된다는 건 말도 안 되는 일이었어요. 진짜 진지하게 고려해볼 수 있는 일이라는 생각조차 할 수 없었죠. 더군다나 대학교를 졸업한 후 미디어 업계에서 일하는 동안 꽤 잘나갔었거든요. 이내 아주 빠르게 잔인해지긴 했지만요.

바이스(Vice)[1]에서 마케팅 디렉터, 《뉴욕타임스(New York Times)》에서 그로스 에디터(growth editor)[2]로 약 4년간 일한 경험 말이군요. "잔인해졌다"는 말은 미디어를 둘러싼 환경에 대한 설명인가요?

전 급속도로 소비되었습니다. 금방 지쳐버렸죠. 갓 서른이

[1]   1994년 캐나다 몬트리올에서 시작된 얼터너티브 펑크 잡지. 밀레니얼 세대를 타깃으로 예술가, 펑크, 스케이트 보드 등 주류 언론이나 매체가 잘 보도하지 않는 서브컬처 문화를 담는다. 현재는 잡지뿐 아니라 바이스 미디어 그룹으로 방송, 영화 제작사, 음반 레이블, 출판사를 운영 중이며 재능있는 아티스트와 그 작품을 소개하는 '크리에이터 프로젝트(The Creators Project)', 음악 전문 채널 '노이지(Noisey)' 등 다양한 서브 브랜드 채널과 네트워크를 통해 영역을 넓혀가고 있다.

넘었을 무렵, 이렇게 계속 살 수는 없겠다는 생각이 들더군요. '그럼 남은 인생 내내 내가 하고 싶은 일은 뭐지?' 이런 질문을 처음 던져봤어요. 최소한 인생의 다음 챕터로는 나아가고 싶었죠. 그때 시를 쓰기 시작했습니다.

왜 시였나요? 회사를 그만두고 뭘 해야 할지 모르는 사람이 선택하는 일반적인 경로는 아닌 것 같은데요.

시를 택한 이유는 비교적 간단했어요. 당시 저는 매우 우울했거든요. 나의 내면을 이해하려는 노력이 필요했죠. 그렇게 썼던 시를 인스타그램에 포스팅했는데 반응이 꽤 좋더라고요? 진지한 시는 아니었고 하이쿠[3] 였는데, 인터넷에 찌든 요즘 현실을 자조하는 내용이 대부분이에요. 이런 식이었죠.

Virtual virtue

Digital deficiency

Live free or just die

2   저널리즘 및 소셜 미디어에 대한 이해를 바탕으로 데이터 분석 및 유저 리서치를 통해 고객 경험 여정을 설계하고 개선한다. 사용자 획득·유지·성장을 목표로 플랫폼의 타깃별 콘텐츠에 대한 전략을 수립하고 기획하는 업무.

3   일본 정형시의 일종. 각 행마다 5, 7, 5음으로 구성되며, 모두 17음으로 이루어진다. 전 세계 문학 중 가장 길이가 짧은 장르의 하나로 함축적인 요소가 많으며 주로 자연이나 계절에 대한 인상을 묘사하는 서정시다. 20세기부터 유럽과 미국의 많은 시인들이 다양한 언어로 하이쿠를 쓰기 시작했다.

가상의 미덕
디지털 결핍
자유롭게 살든지 그냥 죽든지

인스타그램에 최적화되어 있네요. 짧고, 웃기고, 공감되고, 퍼나르기 쉽고.

자연스럽게 단행본 출간으로 이어졌어요. 제목은 «We Were Promised Flying Cars: 100 Haiku from the future». 책이 나오고 나니 무대에서 시를 읽어줄 기회가 많아졌는데, 내가 슬프고 힘들 때 쓴 시로 농담을 던지자 사람들이 더 좋아했어요. 슬픔에서 웃음으로 감정이 전이되는 순간에는 전율이 있더군요. 시를 쓰고 읽으면서 사람들이 나로 인해 웃게 된다는 사실에 점점 더 중독되었어요. 공연하러 다니면서 어쩌면 코미디가 내 길일지도 모른다는 생각에 사로잡혔고, 갑자기 엄청난 실행력이 생겼죠. 또 다른 공연을 잡고, 스토리를 쓰고, 비디오도 찍었어요. 이것저것 동시에 하면서도 다음 시도를 할 수 있는 원동력이 충만했고, 무엇보다도 굉장히 편안한 감정을 느꼈어요. 태어나 처음으로 내게 맞는 옷을 입은 듯한 기분마저 들었죠.

보통 번아웃을 경험한 후에는 안전한 결정을 내리는 경우가 많은데, 당신은 전혀 다른 길을 택했네요. 어떻게 보면 무모할 정도로요.

제게도 무척 초현실적인 변화였어요. 당시 저는 밖이 아니라 안을 향하고 싶었거든요. 그런데 정신을 차려보니 이미 일이 만들어져가고 있었죠. (웃음) 흥미로운 건 실패해도 상관없다는 마음이 기저에 깔려 있었다는 거예요. 그 역시 처음 느껴보는 기분이었거든요. 만약 망하더라도 최소한 두 가지는 얻었다고 생각했어요. 첫째, 즐거웠다. 그리고 둘째, 좋은 취미를 찾았다. 결과와 무관하게 어떤 일에 뛰어들 이유가 있다는 느낌, 이건 삶에서 단 한 번도 충족된 적 없었던 부분이었습니다.

계속해보니 어떻던가요? 결실 없이도 충족을 느낄 수 있었나요?

단지 재정적인 것만을 의미한다면 모를까, 결실이 없지 않았어요. 뉴욕에서 10년을 살았지만 전 어떤 커뮤니티에도 속하지 않았었죠. 스포츠도 안 하고 교회도 안 다녔어요. 대신 친구는 많았습니다. 뉴욕에서 친구는 중요하거든요. 그런데 이 코미디 커뮤니티에 들어간다는 건 매우 다른 느낌이더군요. 작고 멋진 그룹 안에 속해 있다는 안정감. 내가 하는 일을 누군가가 도와주거나 서로의 일에 대해 이야기하는 것, 그게 큰 충족감을 줬어요.

칼라 로드리게스(Karla Rodriquez),
니콜라스 헬러(Nicolas Heller) & 카림
라마 인터뷰(New York Nico Talks
Directorial Debut 'Out of Order'
Starring Kareem Rahma, and
Being More Than an Influencer) 중
(Complex, 2022.6.15)

제가 제작과 연기를 맡았던 ‹Out of Order›는
하루가 끝날 때쯤 웃을 만한 영화예요. 아주 멍청하고
바보 같이 웃겨요. 어쩌면 코미디가 그저 코미디였던
시절에 느꼈던 감정을 되찾는 기분이 들지도 모르겠어요.
심각한 메시지는 없습니다.

각자 역할에 최적화된 사람들이 모여서
내는 시너지는 폭발적이다

코미디가 당신을 새로운 세계로
인도한 셈인데요. 왜 웃음을 주는
일에 그토록 끌린 건지, 그 마성의
매력이 무엇인지에 대해서도
생각해본 적이 있나요?

제가 제일 좋아하고
존경하는 코미디언은
로빈 윌리엄스(Robin
Williams)[4]예요. 어릴 때
그냥 웃긴 사람이라고
생각했지만, 나이가

[4] 　　　　1951년 시카고 출생.
미국의 영화배우이자 희극 배우.
1977년 TV 드라마 ‹래프 인
(Laugh-In)›을 통해 데뷔하고,
스탠드업 코미디 프로그램을 통해
대중에 알려지기 시작했으며 1980
년대부터 70여 편이 넘는 영화에
출연하며 연기파 배우로 활약했다.
‹굿모닝 베트남(Good Morning
Vietnam)›, ‹죽은 시인의 사회
(Dead Poets Society)›, ‹피셔 킹
(The Fisher King)›등의 작품으로
아카데미 남우주연상 부문 후보에
올랐으며 1997년 영화 ‹굿 윌
헌팅(Good Will Hunting)›으로
아카데미 남우조연상을 수상했다.
이 밖에도 골든 글로브상을 여섯
번, 미국 배우 조합상을 두 번,
그래미상을 네 번, 그리고 에미상을
두 번 받았다. 2014년, 향년 63세로
타계했다.

들어 그의 작품을 다시 보니 세상에서 가장 똑똑한 예술가였다고 느껴지더군요. 저는 코미디가 매우 '접근 가능한 형태의 예술'이라고 생각합니다. 사회 체제의 전복을 꿈꾸는 것도 아니고 대단한 반향을 일으키겠다는 것도 아니에요. 하지만 분명, 가장 강력한 변화를 만들어요. 그런 의미에서 코미디는 이퀄라이저 (equalizer)[5]라고 생각해요.

처음엔 가볍게 시작했던 일도 프로페셔널이 되고 판이 커지면 부담을 느끼기도 하잖아요. 당신은 어땠나요?

코미디를 시작한 초기는 나 자신에 대한 브랜딩을 하는 시기였다고 생각해요. 나란 인간을 여전히 미디어 출신으로 봐야 할지, 혹은 시인이나 창업가로 봐야 할지 스스로도 혼란스러웠거든요. 결국 일을 시작한 첫해를 '나는 이제부터 코미디언'이라고 자각하는 단계로 두었죠. 그러려면 무조건 많은 코미디 콘텐츠를 생산해야 했어요. 인터넷은 좋은 마케팅 수단이라, 제가 만든 대부분의 코미디를 인터넷 어딘가에 올렸죠. 그게 뉴욕에서 몇 번의 공연 기회를 얻는 것보다 효과가 좋았어요. 뉴욕에서 관객과 만나며

5   일반적으로 음성 신호의 주파수 특성을 보정해 알맞은 음역을 유지시키는 음향 장치를 말한다. 여기서는 서로 다른 대상을 융합하고 변화를 일으키는 상태를 의미한다.

유명해진다고 해도 시카고나 서울에서는 아무도 날 모를
테니까요.

무조건 많이 만들자는 게 평생의 전략일 순 없을 테니 그 다음
계획도 있었겠죠?

그 시기를 지나자 '카림 라마'라는 이름을 좀 더 제대로
알릴 필요를 느꼈어요. 그러기 위해서는 내가 참여한
작품이 필요했죠. 프로듀서로 참여했던 첫 영상은 단편
로드 무비였어요. 그 작품은 최근 트라이베카 필름
페스티벌(Tribeca Film Festival)[6]에서 상영되기도
했습니다. 하지만 앞으로 나아가야 한다는 점에서 계속
단편영화 작업을 하고 싶진 않아요. 지금은 장편영화나
다른 형태의 시리즈를 준비하고 있죠.

인터넷을 마케팅 수단으로 활용하되,
거기에만 매달리지는 않았어요.
소셜 미디어를 사용하는 당신만의
원칙이 있나요?

균형의 문제라는 걸 잊지
않기. 한 손으로는 웃기든
웃기지 않든 신경과 시간을

6   2002년 개막한 뉴욕을
대표하는 영화제. 로버트 드니로
(Robert De Niro), 제인 로즌솔
(Jane Rosenthal), 크레이그
햇코프(Craig Hatkoff)가 9.11
테러 이후 맨해튼 로어 지역의 의
경제 및 문화 부흥을 촉진하기 위해
시작했다. 매년 4-5월 사이 뉴욕
트라이베카 지역에서 열리며 23개
부문에서 상을 수여한다.

많이 쓰지 않아도 되는 콘텐츠를 찍어 올리고, 다른 한 손으로는 진짜 압박을 느껴야 하는 콘텐츠를 제작하는 구조를 유지했습니다. 저는 인스타그램 인플루언서가 되는 일에는 관심이 없거든요.

하지만 소셜 미디어로 관계 맺는 팔로워를 통해 대중의 취향을 읽을 수 있다고 생각하지는 않나요? 진지하고 프로페셔널한 작업을 보는 관객들 역시 당신의 소셜 미디어 팔로워일 수도 있어요.

저와 같이 미디어 비하인드 신에서의 경험이 없는 다른 코미디언들도 비슷한 생각을 하곤 합니다. 그러나 오래전부터 페이스북이나 인스타그램에 올라갈 콘텐츠를 제작하는 일을 했던 사람으로서, '소셜 미디어를 통해 사람들이 무엇을 좋아하는지 흐름을 읽는다'는 이야기가 아주 거대한 오해라는 사실을 잘 알고 있어요. 농담이 아닙니다. 그건 그냥 알고리즘이에요. 때로는 좋은 콘텐츠인데 그 누구에게도 노출되지 않고, 반대로 나쁜 콘텐츠인데도 모든 사람의 피드에 튀어나올 때가 있어요. 날짜, 시간, 특정 쿼리(query)[7]로 계산한 알고리즘의 짓이죠. 물론 저 역시 사람들이 무엇을 좋아하는지 알고 싶지요.

7   특정 정보 수집을 요청하는 데 쓰이는 컴퓨터 언어의 일종.

무슨 콘텐츠에 반응하는지 이해하고 싶어요. 하지만 지금의 '뷰(view)'나 '좋아요'는 콘텐츠 생산자가 선택한 것도, 동시에 콘텐츠 소비자가 선택한 것도 아닙니다. 누구도 자기가 보고 있는 콘텐츠를 직접 고른 적이 없으니까요. 그래서 저는 100개의 하트를 받든 10만 개의 하트를 받든 신경 쓰지 않습니다. 저 역시 높은 퀄리티 콘텐츠에 집착하는 사람임에도 불구하고 인터넷 밈을 만들 때는 독자를 위해서가 아니라 알고리즘이라는 가상의 망할 명령어를 위해 이 짓을 하고 있다고 생각하죠.

그렇다면 인터넷에서의 조회 수나 좋아요 대신 당신에게 진정으로 의미 있는 것은 무엇인가요?

누군가 제게 다가와서 "너, 나랑 같이해보지 않을래?", "내가 이런 작업을 하고 있는데 피드백 좀 주겠니?" 하고 말을 거는데, 상대의 작업이 정말 마음에 들고 괜찮을 때 보람을 느껴요. 이런 제안이야말로 내가 내 일을 제대로 하고 있다는 증거니까요. TV가 중심이던 시대를 상상해보세요. 우리가 원하는 콘텐츠를 선택해서 봤잖아요. 그것처럼 내 공연을 보고 흥미를 느낀 사람들이 나를 선택했다는 의미니까. (손으로 핸드폰 스크롤을 내리는 시늉을 하며) 이건 아무것도 아닙니다.

모임을 조직하고, 생각이 비슷한 사람들과 연대하고, 연쇄 창업을 하는 것도 웃음 코드가 통하는 사람들에게 같이 일하자는 제안을 받을 때 느끼는 희열과 비슷한 맥락인가요?

맞아요. 하지만 더 중요한 이유도 있어요. 나 혼자서는 아무것도 못 하기 때문이죠. 프로젝트 안에는 내가 할 수 없거나 하고 싶지 않은 일도 있어요. 예를 들어 저는 프로듀서지만 감독은 아니에요. 전 감독이라는 자리가 정말 싫습니다. 감독 역할을 잘 해낼 만큼 참을성도 없고요. 프로듀서는 동시에 다섯 개의 프로젝트를 돌릴 수 있지만 감독은 그렇지 않아요. 이렇듯 나는 잘 못하지만 다른 누군가는 굉장히 잘하는 분야가 있기 마련인데, 각자 잘하는 역할에 최적인 사람들이 모여서 내는 시너지는 그 반대의 경우와 비교하면 훨씬 폭발적입니다.

스페셜리스트를 기용하고 당신은 프로듀싱만 한다는 건 어떤 면에선 미디어의 에디터 역할과도 비슷하다는 생각이 드는군요.

오, 그럴싸한데요? 작년쯤부터 음악도 만들기 시작했는데 저는 어떤 악기도 다룰 줄 몰라요. 대신 음악을 할 줄 아는 뮤지션 친구가 있죠. 이런 식이에요. "매거진에 대한 노래를 만들고 싶어.", "그럼 이따 4시에

스튜디오로 와." 제가 기획한 아이디어를 말해주면
친구가 비트를 들려주고 그럼 그 비트에 맞춰 제가
가사를 씁니다. 아, 이건 일반적인 음악은 아니고 코미디
음악이에요. 웃긴 가사는 제가, 비트는 친구가 맡고 우리
둘은 동등하게 크레딧에 이름을 올리죠. 서로가 없었다면
아예 세상에 나오지 못했을 음원인데, 작년 11월부터
작업을 시작해서 지금까지 네 곡의 싱글을 발매했고
조만간 앨범까지 낼 계획이에요.

생산적이네요. 일하는 방식에 관한 이야기이지만, 넓은 범주로
보면 코미디도 마찬가지잖아요. 누구와 같이 일하려면 적어도
유머 코드가 같아야 하지 않나요?

맞아요. 같은 지점에서 웃음이 터지는 건 분명 좋은
사인이에요. 그런데 반대의 경우, 즉 내 동료가 진지하게
"카림, 그거 하나도 안 웃겨"라고 말한다고 해서
그 사람과 일을 같이 할 수 없는 건 아닙니다. 이것은
일종의 직업윤리이고 그저 각자 일을 대하는 태도의
차이일 뿐이죠. 때론 상대방의 건설적인 지적을 통해
재미없는 아이디어를 버릴 수도 있는 거예요. 물론
실상은 "안 웃겨? 그럼 때려치워!"라고 하지만. (웃음)

맷더배트(MattTheBat), 카림 라마
인터뷰(Kareem Rahma Talks
OUT OF ORDER Movie, Viral
New York Magazine Saga &
More | Bat Chats Interview) 중
(‹MattTheBat›, 2022.7.12)

제가 만드는 모든 콘텐츠는 알고리즘의 노예가 되고 싶지 않아서
벌이는 일들이에요. 알고리즘은 1차원적인 사람들의 신입니다.
실제로 우리는 그렇게 얕은 사람들이 아니지만요. 그래서 전 아예
신경 쓰지 않기로 했어요. 제게 인터넷은 종착점이 아니에요.
재미로 이용하는 매개일 뿐이죠. 누군가는 너무 악랄하다고
할지도 모르겠지만, 그게 바로 제가 원하는 겁니다. 왜냐하면 전
인터넷에서만 유명해지고 싶지 않아요.

좋은 유머는 솔직함, 예측 불가능함, 디테일한 관찰에서 나온다

당신은 어떤 게 웃기다고 생각하나요?

솔직한 게 제일 웃깁니다. 다른 무언가인 척하는 건
안 웃겨요. 사람들은 항상 쿨해 보이려고 애쓰잖아요.
왜 그렇게 쿨하려고 애를 쓸까요? 도대체 쿨하다는 게
뭔가요? 자기 자신과 가까울 때 사람은 가장 멋있습니다.
저는 자신의 솔직한 생각을 공유하는 방식의 코미디를
가장 좋아해요. 여기에 덧붙이자면 예측 가능하지 않을
것, 그리고 관찰자의 시점을 유지할 것. 달리 말하면
이상한 주제에 관해 작은 디테일까지 놓치지 않는
겁니다.

예시를 들어줄 수 있나요?

비데에 관한 농담을 하나 말해볼게요. 미국인들은 욕실에
정말 많은 돈을 쓰죠. 5000달러짜리 대리석에다가 무슨
모던한 세면대를 놓고, 여기에 캔들, 방향제, 목욕용품 등
난리가 납니다. 그리고 비데는 없어요. 비데는 40달러면
살 수 있는데도 말이죠. 게다가 미국인들은 항상 환경을
생각해야 한다고 말하면서 어마어마하게 많은 화장지를
사서 쟁여둡니다. 5000년 동안 썩지 않을 만큼의
휴지를요. 휴지 대신 비데를 쓰면 얼마나 많은 나무를 베지
않아도 되는지 아나요? 비데는 나무를 보호하기도 하지만
당신의 엉덩이도 보호하죠. 왜냐면 물로 닦지 않는 건 정말
더럽거든요. 미국 CDC 권고 기준이 어쩌고 공중보건과
위생이 저쩌고, 지금 그건 중요하지 않아요. 당신의
엉덩이에 똥이 묻어 있으니까요. 자, 이 유머는 아주
예측 불가능하면서 매우 관찰적이고 현실적인 동시에
모두에게 대단히 솔직합니다. 관객이 앞에 있었다면 전
이렇게 물었을 거예요. "이 중 집에서 비데를 사용하는
분?" 아마 한두 명이 손을 들겠죠. 제가 바로 답합니다.
"나머지 분들은… 정말 더럽네요." 그러고 나서 이제
7500달러짜리 최고급 토토(Toto)[8] 비데 시스템이 얼마나
대단한지 장황하게 설명한 다음, 온수도 드라이도 수압
조절도 안 되는 50달러짜리 홈디포(The Home Depot)[9]

비데를 사는 것만으로도 당신 인생이 얼마나 달라질지 이야기하는 거죠.

저는 이 유머가 왜 웃긴지 이해가 갑니다. 뉴욕이라면 확실히 반응이 좋을 거예요. 하지만 미국 중부의 전원 소도시에서 비데에 대한 이해가 전혀 없는 백인 남성 관객들만 앉아 있는 가운데 이 농담을 한다면 아무도 웃지 못할 걸요. 웃음은 문화와 연결되어 있기 때문이죠. 이런 문화적인 단절감에 대해선 어떻게 생각하나요?

그 관점에 매우 동의해요. 그런 경우라면 아마 나 자신을 희화화하는 개그를 선택했을 겁니다. 나 자신을 웃음의 소재로 쓰는 이유는 내가 그들과 다르기 때문이에요. "나는 무슬림이고 이집트에서 왔어"라고 시작할 수도 있겠죠. 이건 어쩌면 슬랩스틱 코미디만큼이나 안전하고 보수적인 선택을 한다는 뜻이기도 해요. 하지만 솔직하게 취약점을 드러낸다는 점에서 볼

8   1912년 설립된 일본 욕실 전문 업체. 주요 생산 제품은 변기, 비데, 수도꼭지, 욕실과 주방시스템이다. 평균 제품의 약 일곱 배가 넘는 가격대지만 고급스러운 디자인과 우수한 성능으로 마니아 고객층을 가지고 있다.

9   미국의 가정집 인테리어, 조경, 조명과 가전제품, 가구, 건축자재, 원자재, 바닥, 타일, 정원 관리 제품을 유통하는 세계 최대의 종합 건축자재 체인 업체.

땐 내가 선호하는 코미디 코드의 연장선에 있다고도 생각합니다. 그런데 이 대화를 나누면서 문득, 제가 하는 코미디의 범위를 해외가 아닌, 어쩌면 미국 전역도 아닌, 그저 뉴욕으로 한정하고 싶어 하는 게 아닐까 하는 생각이 들었어요. 캘리포니아주 로스앤젤레스에 사는 사람을 타깃으로 코미디를 하고 싶은 마음은 들지 않거든요.

뉴요커와는 사고방식이 다르기 때문이겠죠.

얼마 전에 비슷한 생각을 했습니다. 저는 어쩌면 뉴욕에서만 유명해지고 싶고, 시카고나 미네소타에서는 그냥 이름 모를 아무개였으면 좋겠다고요. 왜냐하면 뉴욕이 내가 추구하는 코미디로 가장 많은 웃음을, 또 가장 좋은 결과를 끌어낼 수 있는 곳이라는 걸 인지했기 때문이죠. 미네소타에 살고 있는 저의 옛 친구들, 이제는 멀어졌고 그저 느슨하게 연결된 동향 사람들이 우연히 제가 뉴욕에서 코미디언으로 살고 있다는 소식을 전해 듣고 인터넷에 제 이름을 검색해보는 모습을 상상해봤어요. 그들은 과거 내가 만들었던 코미디 클립을 찾을 테지만, 그 내용을 이해하진 못할 겁니다. 그건 그들을 위한 유머가 아니거든요.

코미디는 태생적으로 보편성을 갖기가 매우 어렵다는 특징이 있잖아요. 특히 자신만의 특화된 스타일이 지역성과 결합한다면 그 코미디는 더욱 특정 계층을 위한 것이 될 테고요.

그것이 제가 음악 코미디를 시작한 이유 중 하나입니다. 음악은 더 전 세계적인 매개가 될 수 있어요. 이런 음악의 성격을 활용해 내 코미디가 가진 특질과 섞는 겁니다. 그런 의미에서 코미디와 다른 장르의 예술을 결합하는 시도 역시 계속 필요하다고 생각하고요.

여러 사람과 함께 일한다는 이야기가 나와서 말인데, 당신의 커리어 중에 흥미로운 키워드가 '창업'이에요. 2015년에는 '네임리스 네트워크(Nameless Network)'라는 회사를 창업한 경험도 있어요. 하고 싶은 프로젝트가 있으면 규모를 키워 회사를 차려버리는 방식이 신선하게 다가오더군요.

혹자는 회사를 쉽게 차린다고 말해요. 문제는 회사를 차리는 것과 운영하는 건 차원이 다르다는 거죠. 미칠 듯이 힘들어요. 제일 균형을 잡기 어려운 건 '밀고 당기기'예요. 코미디로는 이것도 저것도 하고 싶어서 해보자고 밀어붙여요. 하지만 비즈니스로는 돈을 벌려면 하기 싫은 것도 해야 하고 참고 당겨야 합니다. 하루하루가 고비예요. (웃음)

한정된 시간과 에너지를 어떻게 쓸 것인지에 대한 이야기죠.

맞아요. 시간 관리는 또 얼마나 미칠 노릇인지. 나는 기획을 하고 싶은데, 그것만 붙잡고 있으면 안 되죠. 기획에 투자한 시간만큼 이메일을 써야 합니다. 그래야 그 기획을 비즈니스 기회로 바꿀 수 있으니까요. 일하는 전체 시간 중 몇 시간을 비즈니스 제안서 같은 데 써야 하는지 잘 판단해야 크리에이티브한 일에 몰두할 시간을 최대한 확보할 수 있어요. 크리에이티브한 일을 하기 위한 시간과 그에 따른 결과물은 몇 시부터 몇 시까지 책상에 앉아 있었는지로 판가름 나지 않으니까요. 가끔은 세상에서 가장 지루하게 책상에 앉아 하루 8시간, 주 40시간 일하고 싶다는 생각마저 듭니다.

모든 디지털 크리에이터가 자는 시간만 빼고 일하기 때문에 더 쉽게 번아웃을 경험한다는 연구 결과를 본 적이 있어요.

지난 3주 동안 굉장히 바빴어요. 코미디로도, 비즈니스로도 정신이 없었죠. 이럴 땐 두 분야에서 각각 최우선 순위를 설정해야 해요. 일하는 사람은 저 하나이기 때문에 소진되지 않도록 관리를 잘해야 하거든요. 저는 최대한 코미디를 위한 일과 비즈니스가 겹치지 않도록 2-3주씩 간격을 두고 일하는 편입니다.

둘 사이에는 며칠의 휴식을 끼워 넣어서 친구들도 만나고 뇌가 서로 다른 모드의 일에 적응할 시간을 주려고 해요.

코미디언은 세상에서 가장 똑똑하고 섬세해야 한다

가장 최근에 설립한 '섬 프렌즈(Some Friends)'[10]는 어떤
목적으로 세운 회사인가요?

> 그 회사는 일종의 플랫폼입니다. 코미디언으로서
> 커리어를 계속 키워가기
> 위해 비즈니스 관점에서
> 필요한 조건들을 충족해야
> 했어요. 예를 들어 내가
> 프리랜서 또는 코미디언
> 개인으로 활동하면서
> 콘텐츠를 제작한다고
> 해볼게요. 개인 입장에서는

10   코미디언이자
프로듀서인 카림 라마와 A+E
Networks의 이그제큐티브
프로듀서였던 앤드루 쿠오
(Andrew Kuo)가 설립한
엔터테인먼트 회사. 독창적이고
몰입감 있는 스토리텔링 기반
플랫폼이 목표다. SNS와
팟캐스트를 통해 다양한 소수
계층의 이야기를 전달하고 있다.

제작 후 필름을 유통한다거나 어딘가에 릴리즈하는 등
포스트 프로덕션 단계에서 난항을 겪을 수밖에 없어요.

결국 회사 설립이 '비즈니스 대 비즈니스'로 일하기 위해 필요한
절차였다는 말로도 들립니다.

그런 셈이죠. 제 개인 프로젝트와 전혀 관련 없는 외주
제작을 하면서 고정적인 수입이 생기기도 하고요. 그래서
진짜 사업가인 제 친구를 동업자로 삼았어요. 그는
사업적인 면을, 저는 창의적인 면을 맡아서 운영하기로
한 거죠. 현재 열두 개의 프로젝트가 동시에 진행 중이고
올해 말까지 너덧 개의 작업물이 공개될 예정이에요.
우리가 직접 제작하는 것 외에도 다른 엔터테인먼트의
콘텐츠 외주 제작이나 컨설팅도 하고 있어요.

섬 프렌즈는 회사의 모토로 'People of Color(유색인종)'를
내걸었어요. 왜 이들에 주목하는 건가요?

우리는 할리우드를 포함해 엔터테인먼트 업계에서
백인이 아닌 사람들이 견고한 벽에 계속 부딪혀왔다는
걸 알고 있어요. 직접 경험했으니까요. 이 문제는 현업에
있는 사람에게만 좌절감을 주는 것이 아닙니다. 미국
인구의 53퍼센트가 백인이 아니에요. 무려 53퍼센트요!

그런데 이 산업에 종사하는 사람들의 인종 비율과 성비를 보세요. 그리고 그들이 만들어내는 이야기와 그들의 투자를 받아 제작되는 이야기가 무엇인지 보세요. 이 불균형은 미국 사회를 전혀 반영하고 있지 않아요. 이것이 이 업계에서 백인이 아닌 유색 인종이 더 많은 목소리를 내는 일에 집중하고 싶은 이유죠.

콘텐츠를 매개로 그 불균형을 바꿀 수 있다고 생각하는군요.

〈크레이지 리치 아시안(Crazy Rich Asians)〉[11]이라는 영화가 크게 흥행했을 때, 그 영화를 미국계 아시안들만 봤을까요? 아니죠. 백인들도 봤어요. 재미있으니까요. 그 영화를 통해 백인들은 미국계 동양인 남성에 대한 인식을 바꿨죠. 그전까지는 매력 없다고 생각했던 어떤 부류를 다시 보게 되었다고요. 하지만 그 영화를 보기 이전에 자신들의 시선이 얼마나 편향되어 있었는지는 아무도 자각하지 못했습니다. 미국계 동양인 남성 집단에 대한 이야기를

11   2018년에 제작된 존 추(Jonathan Chu) 감독의 영화. 싱가포르를 주 무대로 아시아 갑부들의 이야기를 그린 미국의 로맨틱 코미디로 싱가포르 출신의 미국 작가인 케빈 콴(Kevin Kwan)의 동명 소설이 영화의 원작이다. 당시 기준 동양계 주연 미국 영화 흥행 1위를 기록했으며, 1993년 영화 〈조이 럭 클럽(The Joy Luck Club)〉이래, 할리우드 메이저 제작사에서 아시아계 미국인을 주요 배역에 캐스팅해 제작한 첫 번째 작품이다.

재미있게 만들어 엔터테인먼트로 상업화한 케이스가 없었기 때문이죠.

섬 프렌즈는 어떤 방식으로 승부수를 걸고자 하나요?

섬 프렌즈가 주목하는 분야는 코미디 안에서도 팟캐스트예요. 그런데 전체 팟캐스트 중 80퍼센트가 백인에 의해 제작되고 백인이 진행합니다. 전통적인 엔터테인먼트 시장은 100년 전에 형성되었지만, 다양성을 중심으로 한 변화가 일어난 건 10년도 채 되지 않았어요. 팟캐스트는 약 10여 년 전에 탄생했으니까, 100년이 걸릴 때까지 놔두지 말고 지금 변화를 시작하자는 겁니다. 우리가 나서지 않으면 할리우드가 가졌던 문제를 다른 신생 엔터테인먼트 산업에서도 반복하게 될 테니까요. 섬 프렌즈는 백인이 아닌 인종의 비율을 그들과 동등한 수준으로 끌어올리는 일을 하고 싶어요. 다음 세대의 누군가가 이 업계에 들어오려다가 '흠, 도전해봤자 별로일 것 같아. 백인밖에 없잖아?'라며 후퇴하지 않도록 말입니다.

그렇게 되면 새로운 이야기에 마이크가 주어질 확률도 높아지겠지요.

물론입니다. 라티노, 아시안, 이집트인, 아프리칸 등 백인이

피터 화이트(Peter White), 앤드루
쿠오 & 카림 라마 인터뷰(Andrew Kuo
& Kareem Rahma Launch Podcast
Company SomeFriends To Promote
Diversity In Audio Space, Preps Debut
Slat) 중 (Deadline, 2021.5.18)

놀랍도록 재능 있는 파트너들의 스토리를 우리 삶으로
끌어낼 수 있을 것이라 기대합니다. 재능 있는 사람들이 아주
많아요. 이러한 팟캐스트의 가장 중요한 키는 진정성 있는
다양한 목소리를 반영하는 일이에요. 이건 재미를 전달하는
데도 중요하죠. 섬 프렌즈는 스토리텔링을 이용해 커뮤니티를
구축해나가는 방향을 지향하고 있습니다.

아닌 사람들이 할 수 있는 새로운 이야기가 분명히 있거든요. 이와 함께 주제의 다양성 또한 고려하고 있습니다.

구체적으로 나온 아이디어가 있나요?

지금 가장 열심히 준비하고 있는 건 '오디오 만화'류의 콘텐츠예요. 주제는 역사고요. 웃기는 역사 학습 만화에 허를 찌르는 농담으로 양념을 좀 쳤다고 할 수 있겠네요.

제작 키워드가 다양한 걸 넘어 혼돈의 멀티버스처럼 느껴지네요.

제가 기획하는 건 뭐가 되었든 대혼돈에서 시작해요. (웃음) 곧 공개할 다른 쇼로 예를 들어볼게요. 이 쇼는 내 친구 조니 개프니(Johnny Gaffney)와 함께하는데, 100년 된 식당 구석에서 스탠드업 코미디를 하는 겁니다. 그 식당 역사상 단 한 번도 이런 쇼를 위해 장소를 내준 적이 없었대요. 당연하겠죠, 코미디 클럽이 아니니까요. 그 장소가 마치 코미디 클럽인 것처럼 스탠드업 공연을 하는데, 사건 사고가 계속 일어나는 준비 상황부터 공연을 마칠 때까지 전체 과정을 모큐멘터리[12]로 찍는 거예요. 모큐멘터리와 스탠드업이 섞이는 불협화음 속에서 예측 불가능한 바이브가 생기겠죠. 이 쇼를 두고 《브루클린 매거진(Brooklyn Magazine)》은 "브루클린에서 지금 가장 핫한 코미디 클럽은 식당 뒤편이다"라고 썼어요.

스탠드업 코미디는 미국에서 여전히 제일 사랑받는 장르 중에 하나고, 계속 되풀이된 데는 그 나름의 존재 이유가 있을 것 같아요.

그렇죠. 하지만 전 평범한 스탠드업 코미디를 별로 좋아하지 않아요. 저 자신을 코미디언이라고 소개하지만, 그중에서도 '스탠드업 코미디언'이라고 딱 집어 소개하지도 않고요. 사실상 스탠드업 코미디는 매번 똑같은 무대에 올라 출연자의 말발과 매력에 온전하게 기대는 형식이잖아요. 지루해요. 누가 서서 주절주절 떠드는 걸 더는 보고 싶지 않아요. 코미디 일을 시작한 초창기에 스탠드업 코미디를 해보려고 코미디 클럽에 갔더니, 제게는 줄 자리가 없다고 하더군요. 정기적으로 공연해온 경력이 없다는 이유였어요. 차라리 잘되었죠. 이미 만들어진 길을 못 갈 바에야 내가 새로운 길을 개척하는 게 나으니까요. 누군가 우리의 특별함을 발견해주고 새로운

12   연출된 상황극을 다큐멘터리 기법으로 촬영해 마치 실제 상황처럼 보이도록 제작한 것. TV쇼나 드라마, 코미디 영화에서 주로 쓰이며, 페이크 다큐멘터리라고도 한다.

형식을 인정해주면, 그때부터는 그 별난 장르가 나를 대표하는 무언가로 자리 잡게 됩니다. 형식 면에서 보자면 저는 기존의 것을 해체해서 새롭게 재해석하는 코미디언이라고 볼 수 있겠죠.

형식이 그렇다면 내용은 어떤가요? 당신의 스타일을 장르로 따졌을 때 실험적이라고 한다면, 소재로 따졌을 때도 실험적인가요?

소재는 다른 이야기예요. 장르의 변화는 지루함을 파괴하는 것만으로도 의미가 있지만, 파격적인 소재를 사용할 땐 의도가 무엇인지가 중요하거든요. 선동꾼이 되지 않으면서 웃음을 주는 일에 대해 오래, 그리고 깊게 연구해온 코미디언으로서 의도적으로 선동을 이끄는 소재는 피합니다. 모든 것에 방어적으로 굴다 보면 결국 아무것도 말하지 못하는 사람이 되기 때문에 내 코미디가 정치적으로 항상 올바르다고는 할 수 없어요. 하지만 넘지 말아야 할 선에 대해선 잘 알고 있죠.

선을 넘지 않는다는 기준이 궁금한데요.

내가 사과할 필요가 없고 후회하지 않을 정도. 이걸 말로 설명하기란 굉장히 어려워요. '뭔가 무리수다' 싶은 느낌이 약간이라도 든다면 그건 잘못된 겁니다. 알면서도 웃기기 위해 강행한다? 그건 틀린 거예요.

'이것만큼은 절대 건드리지 않는다'라는 원칙이 적용되는 특정 주제나 아이템이 있나요?

피하려고 하는 특정 주제가 있는 건 아니에요. 누군가는 너무 수위가 강하다고 할 정도의 코미디라도 마음먹으면 할 수 있다고 생각하고요. 다만, 그 주제에 접근하는 시선과 방법론에 대한 이야기예요. 무엇보다 공격적이지 않아야죠. 내 생각을 제대로 집어넣어서 사람들이 웃을 수 있게 잘 발설하는 것이야말로 바로 코미디의 정수예요. '이게 괜찮을까' 하는 생각이 들 때 제일 좋은 해결 방법은 그 대상이 되는 집단에 물어보는 겁니다. 내가 LGBTQ[13]에 대한 농담을 한다고 치면, LGBTQ인 동료 코미디언에게 먼저 들려줍니다. 그 친구들이 해주는 조언이 진짜예요. 하지만 존재만으로도 공격적인 주제인 경우에는 건드리지 않아요.

13   레즈비언(Lesbian), 게이(Gay), 양성애자(Bisexual), 트랜스젠더(Transgender), 성적 지향에 의문을 품은 사람 (Questioner)을 조합해서 부르는 단어. 1988년부터 미국에서 사용하기 시작한 성소수자의 성정체성을 나타내는 단어로, 기존의 이분법적 성정체성 분류에 대한 대항적 개념이 담겼다.

'존재만으로 공격적인 주제' 같은 게

세상에 있을까요?

있죠, 도널드 트럼프(Donald Trump)[14]. 그에 관한 건 어떤 것도 소재로 쓰지 않아요. 난 그가 완전무결하게 웃긴 존재라고 생각하지만, 그럼에도 그에 관해선 어떤 말도 하고 싶지 않아요. 그냥 그 인간 자체가 경계선(border line)이에요. 그의 외모, 행동, 헤어스타일, 인생의 모든 면이 웃기죠. 하지만 그렇게 쉽고도 유치하게 도발하는 건 코미디언으로서 올바른 접근은 아니라고 생각합니다.

코미디언의 선택이란 건, 외적으로는 진보적이고 내적으로는 보수적이어야 하네요.

코미디언이 세상에서 가장 똑똑하고 섬세해야만 하는 이유죠.

14   1946년생. 미국의 정치가이자 기업가. 1970년대부터 트럼프 엔터테인먼트 리조트를 설립해 호텔 및 고급 콘도 사업 같은 부동산 사업으로 전 세계에서 부를 쌓았다. 2016년 제45대 미국 대통령 선거에 공화당 후보로 출마해 당선되었고, 2021년 대통령 임기를 마쳤다.

카림 라마는 1986년 이집트 카이로에서 태어나 미국 미네소타에서 자랐다. 미네소타 대학교 트윈시티캠퍼스에서 언론학을 공부하고 엔터테인먼트 미디어 그룹 바이스에서 마케팅 디렉터로, «뉴욕타임스»에서 그로스 에디터로 일했다.

—

이후 전 바이스 동료들과 함께 미디어 기업 '네임리스 네트워크'를 공동 창업함과 동시에 크리에이티브 콘텐츠 제작에 뛰어들었다. 비슷한 시기에 인스타그램에 올렸던 사회풍자적 시를 엮은 시집 «We Were Promised Flying Cars»를 출간, 다양한 코미디쇼와 대중 공연을 진행하면서 코미디언으로서의 활동을 시작했다.

—

이후 '피자 박물관(Museum of Pizza)'이라는 소셜 미디어 타깃의 대형 피자 테마 아트 팝업 전시를 열거나, 인스타그램 또는 틱톡 계정에 다양한 형태의 디지털 밈을 올리는 실험을 하면서 전방위적인 엔터테이너이자 아티스트로서 활동 폭을 넓혀갔다.

—

2021년에는 코미디언으로서 활동 반경을 넓히고 작품을 유통할 수 있는 장이자 다른 아티스트들과의 컬래버레이션 및 컨설팅을 전문적으로 하기 위한 플랫폼 '섬 프렌즈'를 공동 창업했다.

—

Instagram @*kareem*
TikTok @*kareemrahma*

카림 라마
Kareem Rahma

"

소셜 미디어 인플루언서들 중 코미디를 주요 콘텐츠로
삼아 활동하는 이들이 많습니다. 저도 그중 하나고요.
하지만 그들과 제가 정확히 경쟁 관계에 있다고
생각하지는 않아요. 한정된 기회를 나눈다고 생각하지도
않고요. 그보다는 일종의 협력적 시선으로 바라보죠.
저는 프로듀싱도 하기 때문에, 그 관점에서 재능 있는
사람들을 더 많이 알아서 기용하고 연결하는 역할을
하고 싶어요. 그래서 이들이 성공하고 두각을 나타내길
바랍니다. 저는 이들과 싸우지 않아요. 알고리즘하고
싸울 뿐이죠. (웃음) 궁극적으로는 소셜 미디어 판에
머무르지 않을 거예요. 긴 호흡으로 바라보는 제
목적지는 '프로페셔널 크리에이터'라고 할 수 있죠.

"

‹강심장›

—

2009년부터 2013년까지 SBS에서
방송된 예능 프로그램. 강호동과
이승기가 공동 진행하는 첫 토크쇼라는
점에서 화제를 모았다. 매회 20여
명의 게스트가 출연하여 토크 대결을
벌인다. 토너먼트식으로 방청객들의
더 많은 지지를 얻은 출연자가 토크
승자로 결정되며, 최종 우승자가 그 회의
'강심장'이 된다.

‹개그대축제›

—

2007년 12월 SBS 송년 특집으로
꾸려진 프로그램. 심형래, 김미화,
임미숙, 김학래, 최양락 등 1980-1990
년대에 활약한 중견 코미디언들이
80여 명의 후배 코미디언들과 110
분 동안 추억의 개그와 당시의 인기
코너를 엮은 퓨전 개그를 선보였다.

‹개그콘서트›

—

1999년부터 2020년까지 방영된 KBS2
의 공개 코미디 프로그램이자 대한민국
역사상 최장수 코미디 프로그램. KBS
의 간판 프로그램으로 대학로 무대에서
활약하던 코미디언들을 방송으로 데려와
수많은 신인 코미디언들의 등용문이
되었다. 2020년 6월 26일, 1050회를
끝으로 21년 역사를 마감했다.

고야나기 루미코(小柳ルミ子)

—

1952년생. 일본의 엔카 가수이자 배우.
1970년대를 대표하는 가수로 배우로서도
뛰어난 활약을 펼쳤다. 1971년 싱글 ‹나의
성 아랫마을(わたしの城下町)›이라는
곡은 오리콘 주간 및 연간차트 1위에
오르며 약 135만 장의 음반 판매로
대성공을 거뒀고, 제2회 일본가요대상과
제13회 일본레코드대상에서 신인상을
받았다.

‹구해줘! 홈즈›

—

2019년부터 방영된 MBC 예능. '발품
중개 배틀'이라는 콘셉트로 연예인들이
의뢰인의 조건에 맞춰 집을 찾아주는
프로그램.

그로스 에디터(growth editor)

—

저널리즘 및 소셜 미디어에 대한 이해를
바탕으로 데이터 분석 및 유저 리서치를
통해 고객 경험 여정을 설계하고
개선한다. 사용자 획득·유지·성장을
목표로 플랫폼의 타깃별 콘텐츠에 대한
전략을 수립하고 기획하는 업무.

‹나 혼자 산다›

—

2013년 첫 방송을 시작으로 매주
금요일 밤에 방송되는 MBC의 인기
예능 프로그램. 1인 가구가 늘어나는

사회현상을 반영해, 1인 가구의 싱글 라이프와 일상을 관찰 카메라 형식으로 담는다.

너덜트
—

광고 감독 출신 유현규와 배우 출신 전상협이 결성한 유튜브 채널로 〈숏박스〉와 함께 스케치 코미디 트렌드를 이끌고 있다. 약 3분 이내의 숏폼 형식으로 주변에 있을 법한 상황을 설정한 후 재치 있게 묘사해 공감을 이끌어내는 하이퍼리얼리즘 콘텐츠를 선보인다.

'너라면 어떻게 할 거야?' 에피소드
—

시간을 때우던 회사 동료 둘이 '만약에~' 라는 질문으로 일어나지 않을 일을 계속 질문하고 답하며 아이러니한 밸런스 게임을 시작하는 현실 고증 공감형 에피소드. 2021년 11월 7일 〈숏박스〉에 업로드되었다.

〈놀라운 토요일〉
—

2018년 4월부터 방영 중인 tvN 주말 예능. 전국 인기 시장의 대표 음식을 걸고 출연자들이 노래 가사를 받아써서 맞추는 게임을 골자로 한다. 매주 패널과 게스트가 제작진이 정해준 콘셉트에 따라 분장을 하고 나오기 때문에 이를 보는 재미가 있다.

〈다큐 인사이트〉 '개그우먼' 편
—

KBS 출신 여성 코미디언 6인의 삶을 조명한 다큐멘터리. 개그우먼 이성미, 송은이, 김숙, 박나래, 김지민, 오나미가 출연해 변화한 예능판 속 개그우먼들의 생각을 인터뷰 형식으로 담아냈다. '개그우먼'을 시작으로 〈다큐 인사이트〉의 '여성 아카이브X인터뷰' 시리즈에서는 '윤여정', '국가대표', '뉴스룸'이 방영되며 화제를 모았다.

《달러구트 꿈 백화점》
—

잠이 들어야만 입장할 수 있는 세계를 배경으로 펼쳐지는 판타지 소설. 그중 가장 인기 있는 장소이자 온갖 꿈을 모아 판매하는 달러구트 꿈 백화점에서 벌어지는 이야기가 주요 내용이다. 2020년 7월 1권이, 다음 해인 2021년 7월 2권이 출간되었으며 1, 2권 통합 100만 부를 판매하는 등 베스트셀러 자리에 올랐다. 이미예 작가의 첫 작품으로 텀블벅에서 첫선을 보인 후 출판사와 계약, 전자책과 종이책을 연달아 출간하며 화제를 모았다.

도널드 트럼프(Donald Trump)
—

1946년생. 미국의 정치가이자 기업가. 1970년대부터 트럼프 엔터테인먼트 리조트를 설립해 호텔 및 고급 콘도 사업 같은 부동산 사업으로 전 세계에서 부를 쌓았다. 2016년 제45대 미국 대통령 선거에 공화당 후보로 출마해 당선되었고, 2021년 대통령 임기를 마쳤다.

'도둑들' 에피소드
—

'모든 건 너한테 달렸어'라는 제목의
에피소드로 두 명의 도둑이 어설프지만
치밀한 티키타카를 이어간다. 주고받는
호흡이 돋보이는 콩트 개그. 2021년 12월
5일 〈숏박스〉에 업로드되었다.

로버트 벤 가랜트(Robert Ben Garant)
—

1970년 미국 테네시주 출생. 영화감독,
각본가, 영화배우. 1990년대 초 스케치
코미디 TV 시리즈 〈더 스테이트(The
State)〉에 출연해 활동했다. 대표작은
〈박물관이 살아 있다(Night at the
museum)〉, 〈패시파이어(The Pacifier)〉,
〈르노 911! - 마이애미〉. 오랜 동료이자
각본가 토머스 레넌(Thomas Lennon)과
함께 코미디 감각과 상상력을 갖춘 다양한
영화 대본을 썼다.

로빈 윌리엄스(Robin Williams)
—

1951년 시카고 출생. 미국의 영화배우이자
희극 배우. 1977년 TV 드라마 〈래프 인
(Laugh-In)〉을 통해 데뷔하고, 스탠드업
코미디 프로그램을 통해 대중에 알려지기
시작했으며 1980년대부터 70여 편이
넘는 영화에 출연하며 연기파 배우로
활약했다. 〈굿모닝 베트남
(Good Morning Vietnam)〉, 〈죽은
시인의 사회(Dead Poets Society)〉,
〈피셔 킹(The Fisher King)〉등의
작품으로 아카데미 남우주연상 부문
후보에 올랐으며 1997년 영화 〈굿 윌 헌팅

(Good Will Hunting)〉으로 아카데미
남우조연상을 수상했다. 이 밖에도 골든
글로브상을 여섯 번, 미국 배우 조합상을
두 번, 그래미상을 네 번, 그리고 에미상을
두 번 받았다. 2014년, 향년 63세로
타계했다.

루미네 더 요시모토(ルミネtheよしもと)
—

일본의 종합 연예기획사 요시모토 흥업이
운영하는 코미디 전문 극장. 2001년 문을
열었고, 458개의 객석을 갖추고 있다.
TV 등에서 활약 중인 유명 코미디언들이
만담이나 콩트, 기획 라이브, 단독 라이브
공연을 연다.

마이클 제이 폭스(Michael J. Fox)
—

1961년생. 캐나다 출신의 배우, 성우,
코미디언. 〈백 투 더 퓨처〉시리즈의
주인공 마티 맥플라이(Marty McFly)
역할을 맡으면서 영화계의 아이콘이
되었다. 〈패밀리 타이즈(Family Ties)〉,
〈이야기 도시(Spin City)〉등에서 코미디
연기를 선보이며 왕성하게 활동하던 그는
1998년 파킨슨병 진단을 받고 증세가
악화되자 배우 생활을 은퇴하고 마이클
J. 폭스 재단을 설립해 기부금을 모으고
저서를 출간하는 등 사회기관단체인이자
성우로서 활발하게 활동하고 있다.
에미상, 골든 글로브상 그리고 미국 배우
조합상 코미디 부문 남우주연상을 여러
번 수상했다.

만담

재미있고 우스운 말로 사회를 비판하고
풍자하는 이야기. 콤비(2인)로 진행하는
경우가 많다. 바보 역인 '보케(ぼけ)'와
보통 사람 역인 '쏫코미(つっこみ)'로
만담조를 이루어 활동하는 모습을 볼 수
있다.

멧 갈라(Met Gala)

뉴욕 메트로폴리탄 미술관의 코스튬
인스티튜트(Costume Institute)가 1948
년부터 시작해 매년 개최하는 자선 모금
행사. 개최 첫해부터 매년 5월 첫째 주
월요일에 열린다. 다양한 분야의 유명
인사들이 초청되며 드레스코드에 맞춰
기상천외한 스타일을 뽐내는 것으로
유명하다.

모닝구무스메(モーニング娘)

일본의 연예기획사 업프론트 프로모션
소속으로 1990년대 후반부터 2000년대
초반까지 일본의 국민 걸그룹으로 큰
인기를 누렸다. 음반, DVD, 사진집 등
각종 상품이 쏟아졌고, 일본
골든디스크대상, 레코드대상 등 각종 가요
시상식에서 트로피를 휩쓸었다. 그룹은
유지하되 새 멤버가 가입하고 기존 멤버가
졸업하는 방식으로 기수별로 멤버가 계속
바뀌는 것이 특징이다.

모큐멘터리

연출된 상황극을 다큐멘터리 기법으로
촬영해 마치 실제 상황처럼 보이도록
제작한 것. TV쇼나 드라마, 코미디
영화에서 주로 쓰이며, 페이크
다큐멘터리라고도 한다.

물랑 루즈

1889년 파리 몽마르트르에 문을 연
카바레로 '붉은 풍차'라는 뜻이 있다.
프렌치 캉캉으로 불리는 화려한 춤인
'카드리유(Quadrille)' 공연으로 인기를
끌었으며, 이를 배경으로 아름답고 슬픈
사랑 이야기를 담아낸 뮤지컬 영화 ‹물랑
루즈(Moulin Rouge!)›가 2001년 개봉해
큰 성공을 거두었다. 영화의 성공에
힘입어 동명의 매시업(mash-up) 뮤지컬
또한 제작되어 호평받았다.

미셸 자우너(Michelle Zauner)

1989년생. 저패니즈 브렉퍼스트의 보컬,
기타리스트, 작가. 한국인 어머니와
유대계 미국인 아버지 사이에서 태어났다.
10대 시절에는 '포스트 포스트(Post
Post)'라는 인디팝 밴드로, 2013년부터는
'저패니즈 브렉퍼스트'라는 이름으로
활동을 시작했다. 2021년에 출간한
회고록 «H마트에서 울다(Crying in H
Mart)»는 «뉴욕타임스»에서 29주 이상
베스트셀러에 올랐다.

바이스(Vice)

—

1994년 캐나다 몬트리올에서 시작된 얼터너티브 펑크 잡지. 밀레니얼 세대를 타깃으로 예술가, 펑크, 스케이트 보드 등 주류 언론이나 매체가 잘 보도하지 않는 서브컬처 문화를 담는다. 현재는 잡지뿐 아니라 바이스 미디어 그룹으로 방송, 영화 제작사, 음반 레이블, 출판사를 운영 중이며 재능있는 아티스트와 그 작품을 소개하는 '크리에이터 프로젝트(The Creators Project)', 음악 전문 채널 '노이지(Noisey)' 등 다양한 서브 브랜드 채널과 네트워크를 통해 영역을 넓혀가고 있다.

‹박나래의 농염주의보›

—

2019년에 진행한 코미디언 박나래의 스탠딩 코미디쇼. 방송에서는 담아낼 수 없던 여성들의 성적 욕망을 화끈하고 유머러스한 화법으로 풀어냈다. 서울 공연은 예매 시작 5분 만에 매진되었고, 넷플릭스 오리지널 코미디 스페셜 콘텐츠를 통해 전 세계 190국에 동시 공개되었다.

‹백 투 더 퓨처(Back to the Future)›

—

1985년에 제작된 로버트 저매키스(Robert Zemeckis) 감독의 미국 SF·코미디 영화. 평범한 소년이 타임머신을 통해 과거와 미래로 시간 여행을 하며 개인의 역사를 바꾸고, 뒤틀린 미래를 바로잡는 모험극이다.

기발한 플롯과 명연기로 1980년대 최고의 흥행작 중 하나이며, 이후에도 시간 여행을 소재로 한 영화들 중에서 손꼽히는 대표작으로 회자되고 있다. 2007년 미국 의회도서관에 의해 문화적·역사적·미적 중요성을 인정받아 미국 국립영화등기부에 선정 및 보존되었다.

브라이언 박(Brian Park)

—

한국계 미국인 코미디언이자 배우. 텍사스에서 태어나 UCLA 의대를 졸업 후, 뉴욕을 기반으로 스탠드업 코미디언으로서 활동을 시작했다. 스탠드업 코미디, 팟캐스트, 기고, 영상 제작 등 매체를 가리지 않고 창작 활동을 이어가고 있다. 아시아계 미국인으로서의 정체성이나 인종차별 등 문화적 차이에서 오는 고정관념에 관한 이야기를 다룬다.

‹서울 헌터스(Seoul Hunters)›

—

워너미디어그룹 계열 '트루티비(TruTV)'의 코미디 파일럿 프로그램. 관찰 카메라를 설치한 뒤 유령을 잡는 콘셉트로 출연자를 놀라게 하는 '깜짝 카메라' 형식을 차용한다.

섬 프렌즈(Some Friends)

—

코미디언이자 프로듀서인 카림 라마와 A+E Networks의 이그제큐티브 프로듀서였던 앤드루 쿠오(Andrew

Kuo)가 설립한 엔터테인먼트 회사. 독창적이고 몰입감 있는 스토리텔링 기반 플랫폼이 목표다. SNS와 팟캐스트를 통해 다양한 소수 계층의 이야기를 전달하고 있다.

〈세바시(세상을 바꾸는 시간, 15분)〉
—
2011년부터 CBS에서 방영된 강연 프로그램. 전 세계에 강연 열풍을 일으킨 테드(TED)와 비슷한 형태로, 주로 힐링, 사회적 치유, 소통, 지식을 나누는 한국의 대표 강연 프로그램으로 자리 잡았다. 교수, 체육인, 의사, 배우, CEO, 문학가, 영화감독, 유튜버 등 각계각층의 강연자들이 삶의 경험과 통찰을 압축해서 15분 내에 전달한다.

〈셀럽은 회의 중〉
—
약 55분 분량의 넷플릭스 오리지널 코미디쇼로 1부작으로 구성되어 있다. 넷플릭스에서 스탠드업 코미디쇼를 제안받은 '셀럽파이브' 멤버들이 모여 회의하는 것이 기본 설정. 코미디쇼 무대에 오르기 전에 미리 모여서 아이디어를 구상하는 과정에 코믹을 가미해 페이크 다큐 형식으로 그렸다.

셀럽파이브
—
여성 코미디언 송은이, 김신영, 신봉선, 안영미로 이루어진 4인조 프로젝트 걸그룹. 2018년에 모바일 방송국

'비보티비(VIVO TV)'가 제작한 웹예능에서 결성되었다. 일본 오사카 부립 도미오카 고교의 TDC(Tomioka Dance Club)의 콘셉트에서 모티브를 얻었으며, 일본 거품경제 시기의 복고풍 패션과 메이크업, 맨발 댄스가 화제가 되었다. 원래 계획은 한 차례 스페셜 무대를 가지는 정도였으나, 인기에 힘입어 정식 음원 발매는 물론 '셀럽파이브'라는 이름으로 다양한 방송 활동을 이어가고 있다.

스테레오타입(stereotype)
—
인종, 성별, 직업 등 어떤 사회적 카테고리에 속한 사람들에 대해 갖고 있는 일반화된 신념. 문맥에 따라 편견 내지 선입견으로 풀이된다.

〈아는 형님〉
—
2015년부터 방영된 JTBC의 토요 예능 프로그램. 학교 교실을 배경으로 고정 출연자들에게는 재학생, 게스트에게는 전학생이란 설정을 부여하여 상황극과 퀴즈·게임·콩트·대결 등을 펼친다. 게스트와 출연자가 모두 학교 친구라는 설정하에 반말을 주고 받으며 재미있는 상황이 연출되는 것이 특징. 현재 고정 출연진은 강호동, 이상민, 서장훈, 김영철, 이수근, 김희철, 민경훈, 이진호다.

‹아메리카 갓 탤런트(America's Got Talent)›

—

미국 NBC 방송이 2006년부터 방영 중인 공개 오디션 프로그램. 노래, 춤, 차력, 마술, 성대모사, 코미디에 이르기까지 다양한 장르의 출연자들이 100만 달러의 상금을 놓고 겨룬다. 토너먼트 방식이라 참가자들은 오디션부터 우승까지 최대 4회의 공연을 펼치게 된다. 여러 나라에서 리메이크되었으며 한국에서도 ‹코리아 갓 탤런트›로 리메이크되었다.

R-1 그랑프리

—

일본의 종합 연예기획사 요시모토 흥업에서 주관하는 코미디 콘테스트. 콤비만 참가가 가능한 'M-1 그랑프리'와 달리 개인도 참가할 수 있으며 프로와 아마추어를 불문하고 누구나 참가할 수 있다. 2002년에 시작해서 지금까지 열리고 있다. 총상금은 한화로 약 5000만 원이다.

앨리 웡(Ali Wong)

—

1982년생. 미국의 배우, 코미디언, 작가. 23세에 처음으로 스탠드업 코미디에 입문했다. 넷플릭스 스탠드업 코미디 스페셜 ‹베이비 코브라(Baby Cobra)›, ‹성性역은 없다(Hard Knock Wife)›, ‹돈 웡(Don Wong)›을 통해 임신, 출산, 육아, 성생활, 페미니즘을 주제로 거침없고 유쾌한 이야기를 풀어내 뜨거운 반응을 얻었다. 딸들에게 보내는 솔직한 여성의 이야기를 담은 저서 «디어 걸즈(Dear Girls)»는 «뉴욕타임스»의 베스트셀러에 올랐다.

에미상(Emmy Awards)

—

미국 방송계 최고 권위를 지닌 상. 방송업계 관계자의 업적을 평가하기 위해 전미 텔레비전 예술과학 아카데미에서 설립했으며, 1949년 1월 25일에 초대 시상식이 열렸다. TV 방송의 장르가 다양한 만큼 시상식 또한 다양한 부문으로 나눠 연내 시기를 달리해 개최된다.

‹SNL 코리아›

—

1975년부터 방영된 미국 NBC 방송사의 장수 인기 라이브 코미디쇼 ‹새터데이 나이트 라이브(Saturday Night Live, SNL)›의 판권을 수입해 한국식 정서와 트렌드에 맞게 리메이크한 프로그램. 유명 인사들의 코믹한 변신과 정치 풍자를 만날 수 있으며, 사회 각 분야의 유명인을 호스트로 캐스팅해 셀프 패러디나 셀프 풍자 등 평소와 다른 연기를 선보일 수 있는 판을 마련해준다. 2011년 tvN에서 방영을 시작해 2017년 시즌 9로 프로그램을 종영했고, 약 4년 만인 2021년 9월부터는 쿠팡플레이 오리지널 콘텐츠로 방영 중이다.

ABC NEWS LIVE

—

미국의 4대 방송국 중 하나인 ABC News

에서 2018년부터 운영하는 24시간 스트리밍 비디오 뉴스 채널. 세계 뉴스 속보, 독점 인터뷰, 다큐멘터리와 엔터테인먼트 등 다양한 뉴스와 볼거리를 제공한다.

NSC(New Star Creation, 요시모토 종합 예능학원)

—

신인 예능인을 육성할 목적으로 일본의 종합 연예기획사 요시모토 흥업이 1982년 설립한 예능인 양성 학원. 도쿄와 오사카에 지부가 있으며, 제1기 개그 콤비인 다운타운을 시작으로 다양한 코미디언을 배출하고 있다. 도쿄 지부에서는 코미디언뿐 아니라 배우나 가수, 방송 작가도 육성하고 있다. 입학 자격은 중학생 이상이다.

LGBTQ

—

레즈비언(Lesbian), 게이(Gay), 양성애자(Bisexual), 트랜스젠더 (Transgender), 성적 지향에 의문을 품은 사람(Questioner)을 조합해서 부르는 단어. 1988년부터 미국에서 사용하기 시작한 성소수자의 성정체성을 나타내는 단어로, 기존의 이분법적 성정체성 분류에 대한 대항적 개념이 담겼다.

M-1 그랑프리

—

일본의 종합 연예기획사 요시모토 흥업이 매년 12월에 주최하는 만담 전국 대회. 아마추어, 프로 구분 없이 결성 15년 미만의 코미디언 콤비라면 누구나 참여할 수 있으며, 결승까지 총 다섯 차례 경합을 벌여 최고의 코미디언을 선발하는 대회다. 총 상금은 한화로 약 1억 원이며 연말연시 황금시간대에 방송으로 공개되기 때문에 스타 등용문으로 각광받고 있다. 2001년부터 2010년까지 개최된 후 중단되었다가 2015년 부활했다. 'M'은 '만담'을 뜻하는 일본어 '만자이(漫才)'에서 따왔다.

‹오은영의 금쪽 상담소›

—

2021년부터 채널A에서 방영 중인 예능으로, 정신의학과 전문의 오은영 박사가 의뢰인의 심리 상태를 파악하는 동시에 마음의 문제를 해결해 나가는 성인 멘탈 케어 프로그램이다.

‹오징어 게임› 영어 자막에 분노하는 틱톡 영상

—

코미디언 영미 메이어가 넷플릭스 오리지널 ‹오징어 게임›의 자막이 일부 오역되어 영어권 시청자들에게 감독의 의도가 제대로 전달되지 못했다고 주장한 영상. 그는 "한국어를 이해하지 못한다면, 당신은 다른 드라마를 보고 있는 것"이라며 틱톡 영상에서 몇 가지 오역 사례를 제시했고, 이 영상은 9백만 이상의 조회 수를 기록했다.

오픈 마이크(open mic)
—
스탠드업이라는 코미디 형식의 뿌리이자
스탠드업 코미디를 시작하기 위한 관문.
실험적 성격이 짙은 오픈 마이크 특성상
커리어를 증명하지 않고도 차별이나 제한
없이 누구나 무대에 오를 수 있다.

옹알스
—
〈개그콘서트〉의 '옹알스'라는 코너에서
시작했으며, 비트박스와 마임, 저글링
등 언어를 사용하지 않고 오직 소리와
몸짓으로만 웃음을 자아내는 '넌버벌
퍼포먼스' 팀. 대사가 없기 때문에
남녀노소는 물론 전 세계 사람들에게
통한다는 강점이 있다. 2010년 한국인
최초 영국 에든버러 프린지 페스티벌
참가를 시작으로 스위스 몽트뢰 코미디
페스티벌 등 해외 유수 코미디 페스티벌에
초청되었다. 이후 한국과 해외를 돌며
2022년 현재까지 해외 23개국 47개
도시에서 공연을 펼치고 있다.

요시모토 신희극(吉本新喜劇)
—
일본의 연예기획사 요시모토 흥업 소속
코미디언으로 구성된 희극 무대 및 극단을
말한다. 1959년에 시작해서 현재까지
이어지고 있다.

〈우낌표〉
—
2019년 1월부터 코미디언 조진세와

김원훈이 운영한 유튜브 채널. 깜짝
카메라나 패러디 위주의 콘텐츠를
업로드했다. 〈우낌표〉를 운영하며
슬럼프가 오던 즈음, 2021년 10월
스케치 코미디라는 장르로 오픈한 채널이
〈숏박스〉다.

〈웃찾사 - 웃음을 찾는 사람들〉
—
2003년부터 2017년까지 방송된 SBS
공개 코미디 프로그램. KBS2
〈개그콘서트〉와 더불어 한국 공개
코미디의 양대 산맥이었다. 2004
년 후반부터 2005년 초반은
〈웃찾사〉의 전성기로 '행님아', '택아',
'화상고', '비둘기 합창단', '희한하네',
'옹이 아버지' 등의 코너는 전국적인
인기를 끌며 30퍼센트에 달하는 시청률을
기록했다.

이퀄라이저(equalizer)
—
일반적으로 음성 신호의 주파수 특성을
보정해 알맞은 음역을 유지시키는 음향
장치를 말한다. 여기서는 서로 다른
대상을 융합하고 변화를 일으키는 상태를
의미한다.

'장기연애' 시리즈
—
오래 사귄 연인의 모습을 실감 나게
보여주는 시리즈 영상. 무심한 듯하면서도
누구보다 서로를 잘 아는 장수 커플의
모습을 그렸다. '장기연애' 시리즈 중

'모텔이나 갈까?' 에피소드가 유튜브 알고리즘을 타고 조회 수가 폭발하면서 채널 전체의 인기가 급상승했다. '모텔이나 갈까?' 에피소드는 2022년 1월 13일 ‹숏박스›에 업로드되었다.

저패니즈 브렉퍼스트(Japanese Breakfast)
—

미셸 자우너를 주축으로 몽환적인 슈게이징 스타일 음악을 하는 인디팝 밴드. 2016년과 2017년 각각 첫 번째 정규 음반 'Psychopomp'와 두 번째 정규 음반 'Soft Sounds from Another Planet'을 발매했다. 자우너는 개인적 비애와 치유 과정을 담은 데뷔작으로 평단의 호평과 대중의 주목을 동시에 획득했다. 그래미상 후보에도 두 차례 올랐다.

조던 필(Jordan Peele)
—

1979년생. 미국 출신의 코미디언이자 영화 감독. TV 코미디 시리즈 ‹키 & 필›을 통해 코미디언으로 이름을 알린 후, 직접 각본과 감독을 맡은 영화 ‹겟 아웃(Get Out)›으로 영화감독 데뷔 후 제90회 아카데미상 각본상을 받았다. 꼼꼼한 복선이 섞여 예측하기 힘든 독특한 스토리텔링이 특징으로, 스파이크 리(Spike Lee), 스티브 맥퀸(Steve McQueen)과 함께 자신만의 개성으로 크게 호평받는 감독이다.

줌(Zoom)
—

비대면 화상 회의 서비스를 제공하는 미국의 플랫폼으로 재택근무, 인터넷 강의, 실시간 온라인 수업 등에 사용한다. 팬데믹 이후 세계적으로 수요가 급증했다.

짐 캐리(Jim Carrey)
—

코미디 연기의 일인자라고도 불리는 캐나다 출신 배우. 10대 시절에는 코미디 클럽에서 스탠드업 코미디를 선보였고, 이후 지독한 무명 시절을 겪었으나 ‹에이스 벤츄라(Ace Ventura: Pet Detective)›, ‹마스크(The Mask)›, ‹덤 앤 더머(Dumb and Dumber)›, ‹라이어 라이어(Liar Liar)› 등의 영화가 연속 흥행하며 톱스타 반열에 오른다. 이후에는 ‹트루먼 쇼(The Truman Show)›, ‹이터널 선샤인(Eternal Sunshine of the Spotless Mind)› 등에서 다양한 스펙트럼의 연기를 보이며 연기력을 입증한다. 골든 글로브, MTV 영화제 등에서 수상한 경력이 있으며, 2022년 개봉한 ‹수퍼 소닉2(Sonic the Hedgehog 2)›가 최신작이다.

캐시 심(Cathy Shim)
—

1980년생. 한국계 미국인 배우, 코미디언, 프로듀서. 대한민국에서 태어나 세 살 때 미국으로 이민을 갔다. ‹르노 911! - 마이애미(Reno 911!: Miami)›, ‹L.A. 걸캅스(L.A.'s Finest)›, ‹운명의 하루 (The Sun Is Also a Star)› 등 다양한 TV

쇼 및 영화에 출연했다.

‹코미디빅리그›

—

2011년 시작해 매주 일요일에 방송되는 서바이벌 형식의 공개 코미디 프로그램. 지상파 코미디 프로그램 사이에서 유일하게 살아남은 공개 코미디 프로그램으로, 매분기 히트 코너들을 탄생시키며 대한민국 코미디 트렌드를 선도하고 있다. ‹코미디빅리그›에서 전성기를 보낸 코미디언 이용진, 양세찬, 이진호, 장도연, 박나래 등이 여러 예능에서 활약 중이다.

쿼리(query)

—

특정 정보 수집을 요청하는 데 쓰이는 컴퓨터 언어의 일종.

‹크레이지 리치 아시안(Crazy Rich Asians)›

—

2018년에 제작된 존 추(Jonathan Chu) 감독의 영화. 싱가포르를 주 무대로 아시아 갑부들의 이야기를 그린 미국의 로맨틱 코미디로 싱가포르 출신의 미국 작가인 케빈 콴(Kevin Kwan)의 동명 소설이 영화의 원작이다. 당시 기준 동양계 주연 미국 영화 흥행 1위를 기록했으며, 1993년 영화 ‹조이 럭 클럽(The Joy Luck Club)›이래, 할리우드 메이저 제작사에서 아시아계 미국인을 주요 배역에 캐스팅해 제작한 첫 번째 작품이다.

클린트 이스트우드(Clint Eastwood)

—

1930년생. 미국의 영화배우 겸 영화감독. 1954년부터 단역배우를 시작한 그는 이탈리아식 서부극인 ‹황야의 무법자(A Fistful Of Dollars)›와 ‹석양의 건맨(For a Few Dollars More)›, ‹석양의 무법자(The Good, the Bad and the Ugly)›와 돈 시겔(Don Siegel) 감독의 갱스터무비 ‹더티 해리(Dirty Harry)›로 큰 인기를 얻으며, 남성성의 아이콘이 되었다. 1971년에는 맬파소 프로덕션(Malpaso Production)이라는 제작사를 차려 ‹용서받지 못한 자(Unforgiven)›, ‹앱솔루트 파워(Absolute Power)› 등의 영화를 제작해 배우뿐 아니라 감독으로서도 높은 평가를 받았다.

‹키 & 필(Key & Peele)›

—

키건마이클 키(Keegan-Michael Key)와 조던 필(Jordan Peele)이 만든 TV 코미디 시리즈. 인종 스테레오타입이나 사회문제를 짚는 풍자 코미디극으로, 2012년부터 2015년까지 방송되었고 버라이어티 스케치 코미디 시리즈 작품상 등 두 개의 에미상을 수상했다. 코미디 프로그램을 방영하는 미국의 방송국인 코미디 센트럴(Comedy Central)이 유튜브 채널을 통해 지난 에피소드를 공개하고 있다. 이 시리즈로 미국 내에서 명성을 쌓은 조던 필은 ‹겟 아웃›, ‹어스(Us)›를 연출하며 영화감독으로서도 성공적으로 안착했다.

킴 카다시안(Kim Kardashian)

—

1980년생. 미국의 방송인, 모델, 사업가. 약 3억 명의 SNS 팔로워를 가지고 있다. 패리스 힐튼의 친구로 리얼리티 방송 출연 후, 카다시안 가문이 함께 출연한 리얼리티 프로그램이 론칭되면서 유명세를 타기 시작했다. 2000년대 중반부터 지금까지 할리우드에서 가장 많은 이슈를 쏟아내며 화제를 몰고 다니는 인물.

태양의 서커스

—

1984년 캐나다 퀘벡의 거리 곡예사 기 랄리베르테(Guy Laliberté)가 거리 예술가 20명과 함께 창단한 서커스. 서커스에 감동적인 스토리와 음악과 무용, 뮤지컬 요소를 도입해서 대성공을 거뒀으며, 창립 이후 30여 년간 세계 60개국, 450여 도시에서 약 2억 명의 관객을 유치해 역사상 가장 성공한 공연 사업 모델로 꼽힌다.

토토(Toto)

—

1912년 설립된 일본 욕실 전문 업체. 주요 생산 제품은 변기, 비데, 수도꼭지, 욕실과 주방시스템이다. 평균 제품의 약 일곱 배가 넘는 가격대지만 고급스러운 디자인과 우수한 성능으로 마니아 고객층을 가지고 있다.

트라이베카 필름 페스티벌(Tribeca Film Festival)

—

2002년 개막한 뉴욕을 대표하는 영화제. 로버트 드니로(Robert De Niro), 제인 로즌솔(Jane Rosenthal), 크레이그 햇코프(Craig Hatkoff)가 9.11 테러 이후 맨해튼 로어 지역의 의 경제 및 문화 부흥을 촉진하기 위해 시작했다. 매년 4-5월 사이 뉴욕 트라이베카 지역에서 열리며 23개 부문에서 상을 수여한다.

패션 넘버5

—

‹개그콘서트›에서 코미디언 장도연, 허안나, 박나래가 선보인 코너. 패션계에서 쓰는 어휘나 패션 피플들이 늘어놓는 난해한 유행 아이템을 소재로 삼아 능청스러운 연기와 몸 개그를 통해 웃음을 주었다.

페이크 다큐멘터리(fake documentary)

—

‘가짜의’라는 뜻의 ‘페이크(fake)’에 ‘다큐멘터리(documentary)’를 합친 말로, 연출된 상황극을 다큐멘터리 기법으로 촬영해 마치 실제 상황처럼 보이도록 제작한 영상 장르이다. 나아가 특정 주제를 풍자와 해학을 담은 코미디나 패러디로 표현하기도 한다. ‘조롱하다’라는 뜻을 가진 단어 ‘mock’을 더해 ‘모큐멘터리 (mockumentary)’라고도 불린다.

«포브스(Forbes)»

—

미국의 출판 및 미디어 기업. 1917년 금융 칼럼니스트인 B. C. 포브스(Bertie Charles Forbes)와 월터 드레이(Walter Dray)가 창간했다. 비즈니스, 투자, 기술, 기업가 정신에 대한 뉴스와 정보를 주로 다룬다. 격주마다 발간되는 경제지인 «포브스»지가 유명하다.

폼폼푸린(pompompurin)

—

1996년 산리오에서 만들어진 수컷 골든레트리버 캐릭터로 베레모를 쓰고 있는 것이 특징이다.

‹필링 아시안(Feeling Asian)›

—

스탠드업 코미디언인 브라이언 박과 영미 메이어가 진행하는 주간 팟캐스트. 아시아계 미국인의 목소리를 확대하겠다는 목표로 2019년 9월 뉴욕의 오픈 마이크에서 만난 두 사람이 시작했다. 스테퍼니 수(Stephanie Hsu), 보언 양(Bowen Yang), 예지(Yaeji) 등 다양한 분야의 게스트를 초대해 아시아계 미국인들이 일상적으로 직면하는 차별과 사회 이슈를 솔직하고 유머러스하게 풀어내고 있다. 당사자의 목소리로 전하는 차별 콘텐츠라는 특이성으로, CNN, 애플(Apple), 스포티파이(Spotify) 등에서 2021년 주목할 팟캐스트로 꼽혔다. 매주 수요일 약 1시간 분량의 새 에피소드가 업데이트된다.

하이쿠

—

일본 정형시의 일종. 각 행마다 5, 7, 5음으로 구성되며, 모두 17음으로 이루어진다. 전 세계 문학 중 가장 길이가 짧은 장르의 하나로 함축적인 요소가 많으며 주로 자연이나 계절에 대한 인상을 묘사하는 서정시다. 20세기부터 유럽과 미국의 많은 시인들이 다양한 언어로 하이쿠를 쓰기 시작했다.

‹해피투게더›

—

KBS2의 간판 예능이자 지상파 최장수 예능 프로그램으로, 2001부터 2020년까지 방영되었다. 토크 예능 콘셉트를 기본으로 ‘쟁반 노래방’, ‘보고 싶다 친구야’, ‘사우나 토크’, ‘야간 매점’ 등 시즌별 형식을 달리했다. KBS 연예대상에서 시청자가 뽑은 최고의 프로그램상을 수상했으며, MC였던 신동엽, 유재석에 대상을 안겨주는 등 오랜 기간 많은 사랑을 받았다. 요즘의 직설적이고 독한 예능 트렌드와는 달리 편안한 웃음을 주는 ‘착한 예능’을 표방했다.

홈디포(The Home Depot)

—

미국의 가정집 인테리어, 조경, 조명과 가전제품, 가구, 건축자재, 원자재, 바닥, 타일, 정원 관리 제품을 유통하는 세계 최대의 종합 건축자재 체인 업체.